教育同心圆

——五育并举视野下的家校共育

姜 岚／著

吉林大学出版社
·长春·

图书在版编目(CIP)数据

教育同心圆：五育并举视野下的家校共育 / 姜岚著. —
长春：吉林大学出版社，2022.11
ISBN 978-7-5768-1213-8

Ⅰ.①教… Ⅱ.①姜… Ⅲ.①学校教育－合作－家庭教育－研究 Ⅳ.①G459

中国版本图书馆 CIP 数据核字(2022)第 226062 号

书　　名	教育同心圆——五育并举视野下的家校共育
	JIAOYU TONGXINYUAN——WU YU BINGJU SHIYE XIA DE JIAXIAO GONGYU
作　　者	姜　岚　著
策划编辑	樊俊恒
责任编辑	高欣宇
责任校对	王宁宁
装帧设计	马静静
出版发行	吉林大学出版社
社　　址	长春市人民大街 4059 号
邮政编码	130021
发行电话	0431－89580028/29/21
网　　址	http://www.jlup.com.cn
电子邮箱	jldxcbs@sina.com
印　　刷	北京亚吉飞数码科技有限公司
开　　本	787mm×1092mm　1/16
印　　张	10.75
字　　数	170 千字
版　　次	2023 年 4 月　第 1 版
印　　次	2023 年 4 月　第 1 次
书　　号	ISBN 978-7-5768-1213-8
定　　价	86.00 元

版权所有　翻印必究

前　言

我们生命中的每一天都在感受和体验教育生活，某种程度上说，我们成长的过程就是经历教育的过程。教育的目标会聚焦在受教育者的成长上，因此我们倡导做教育的同心圆。

教育同心圆，即在教育工作中，要以受教育者为圆心，家庭、社会和学校教育要同时同向用力。家庭和学校教育互为补充，相互促进。教育的首要问题是回答应该培育什么样的人。如今，激烈的国际竞争、空前加速发展的全球化趋势、信息技术的更新换代，对育人方式提出了更高要求。当前，我国迫切需要培养全面发展的创新性、复合型的高质量人才。在实际的教育中，教育本就是浑然一体的，由此"五育"并举、融合育人，成为新时代基础教育转变育人方式所面临的重大命题。

同时，教育工作的开展，要围绕学生的成长，不断扩展自己的外延，即学生的教育需要发挥家庭、学校、社会三者的作用，由三者共同担当。学校和家庭作为学生最为熟悉也是影响最大的两个因素，对于学生成长教育过程来说，都是必不可少的环节，但是很多人却忽略了家校共育的意义所在，将学校教育和家庭教育分割，不重视家校合作，缺少科学的教育理念，从而影响了青少年的全面发展。

教育界存在"5+2=0"的说法，指的是孩子在学校接受了五天正确良好的教育，培养了各方面的优秀习惯，但周末回到家的两天，受到的是另一套行为方式的影响，二者可能会有所冲突，家长仅仅两天的影响就可能破坏五天的学校教育所带来的成果。学校教育需要家庭教育的配合，二者朝着同一个方向努力，才能取得良好的效果。基于此，作者特策划并撰写了《教育同心圆——五育并举视野下的家校共育》一书，以期使家庭与学校相互合作，形成"家校合育"模式，这样才有可能取得"1+1＞2"的效果，才能营造和谐的育人环境，促进青少年的全面发展。

本书共包含十章。第一章作为开篇，对"五育并举"的相关知识进行分析,包含提出的背景、现代内涵与特点、时代价值与意义。第二、三章分别对五育并举视野下的家庭教育与学校教育的相关内容展开分析。前面三章为后面章节内容的展开做铺垫。第四章为过渡章,分析五育并举视野下家校共育的概念、理论与实践、问题及归因、策略与建议。第五章至第十章为本书的重点,从家校共育的视角入手,分析青少年心理健康教育、劳动教育及道德素养、体育核心素养、审美素质、创新能力的培育。

整体而言,本书具有如下特色。首先,本书立足于实践,探究"五育并举"在学校教育中存在问题,分析背后的原因,努力探索解决问题的思路,以期为进一步落实"五育并举"提供一定的建议和帮助。其次,本书以家校共育为着眼点,发挥学校和家庭二者的共同作用,即在教育政策的有力支持下,教师及家长以促进学生综合素质发展为目标,在相互尊重的基础上,通过主动沟通及创新交流等多样化合作方式,充实家校合作的内容,充分发挥各自的教育优势,弥补各自的不足,使学生的学习效果达到最佳,从而产生双方互补共赢的合作成果,为学生的未来发展打下坚实的基础。相信本书的出版,能够为家校共育的研究者以及家长、教师提供一些有益的借鉴。

在本书的撰写过程中,参考和借鉴了诸多相关的研究成果,也引用了其中一些观点,这里表示衷心的感谢!由于时间较为仓促,加之水平有限,因而书中难免会存在一些疏漏和瑕疵,恳请广大学者、读者不吝指正,以便今后更好地完善此书。

作 者

2021 年 12 月

目 录

第一章 "五育并举"的提出 ·· 1
  第一节 "五育"教育观提出的背景 ······································ 1
  第二节 "五育并举"的现代内涵与特点 ································ 4
  第三节 "五育并举"的时代价值与意义 ································ 12

第二章 五育并举视野下强化家庭教育 ·································· 15
  第一节 家庭教育的相关内涵 ·· 15
  第二节 当代家庭教育存在的问题 ······································ 19
  第三节 五育并举视野下强化家庭教育的路径 ······················ 20

第三章 五育并举视野下提升学校教育 ·································· 29
  第一节 学校教育的相关内涵 ·· 29
  第二节 学校教育的内容及原则 ··· 30
  第三节 五育并举视野下塑造特色化学校教育的路径 ············· 33

第四章 五育并举视野下的家校共育研究 ······························ 44
  第一节 家校合作的概念界定 ·· 44
  第二节 关于家校合作的理论与实践研究 ···························· 47
  第三节 家校合作中存在的问题及归因分析 ························· 49
  第四节 五育并举视野下家校合作育人的策略与建议 ············· 58

第五章 家校共育视野下开展青少年心理健康教育 ················· 68
  第一节 心理健康教育的内涵 ·· 68
  第二节 新时代开展青少年心理健康教育的内容 ·················· 69
  第三节 家校共育视野下开展青少年心理健康教育的意义 ······ 71

第四节 家校共育视野下开展青少年心理健康教育的建议
与对策……………………………………………… 72

第六章 家校共育视野下加强青少年劳动教育……………… 78
第一节 劳动教育的相关概念………………………………… 78
第二节 家校共育视野下加强青少年劳动教育的现状及原因
分析………………………………………………… 81
第三节 家校共育视野下加强青少年劳动教育的具体策略…… 88

第七章 家校共育视野下提升青少年道德素养……………… 97
第一节 道德教育的相关内涵………………………………… 97
第二节 新时代开展青少年道德教育的内容………………… 99
第三节 家校共育视野下提升青少年道德素养的意义……… 102
第四节 家校共育视野下提升青少年道德素养的具体措施… 104

第八章 家校共育视野下提升青少年体育核心素养………… 120
第一节 体育教育的相关内涵………………………………… 120
第二节 新时代青少年体育素养培养体系的建构机制……… 122
第三节 健康中国背景下青少年体育素养提升的困境……… 130
第四节 家校共育视野下提升青少年体育核心素养的途径… 132

第九章 家校共育视野下提升青少年审美素质……………… 135
第一节 美术教育的相关内涵………………………………… 135
第二节 青少年的心理发展与艺术表现……………………… 136
第三节 美育视角下加强青少年美术教育的意义…………… 137
第四节 家校共育视野下提升青少年审美素质的途径……… 138

第十章 家校共育视野下提升青少年创新能力……………… 143
第一节 创新能力的相关内涵………………………………… 143
第二节 青少年创新能力适宜培养的时期…………………… 145
第三节 青少年创新能力培养存在的问题及原因分析……… 150
第四节 家校共育视野下提升青少年创新能力的策略……… 154

参考文献 ……………………………………………………… 156

第一章 "五育并举"的提出

中国特色社会主义进入新时代。面对全新的历史发展时期,社会对人才需求呈现了前所未有的复杂局面。在新时代极为重视科学文化知识、科学技术才能、全面发展的创新型人才的形势下,"五育并举"进入了人们的视野并被要求践行于学校教育中。在追求全面发展的热潮下,全国各地学校纷纷响应,将"五育并举"深入贯彻到学校教育教学中。本章就对"五育并举"这一理念展开分析和研究。

第一节 "五育"教育观提出的背景

一、时代背景

工业革命以前,中西方经济发展水平尚未形成明显的差异。当清政府实行闭关锁国时,英、法等国已完成第一次工业革命,进入资本主义社会。"蒸汽时代"的到来打破传统手工业的束缚,运用机械化的生产方式来提高生产效率,但当时中国还处于传统的手工业生产社会。

1840年,外国的坚船利炮打破中国长期闭关自守的局面,中国开始与西方接轨,伴随而来的不是科学、技术的发展,而是一个大国被慢慢蚕食的过程。签订的一系列不平等条约损害了我国的主权和领土完整,使我国被迫卷入资本主义市场,使自给自足的小农经济体制遭到破坏,大部分手工业被淘汰或成为外国资本主义的附庸,我国也沦为半殖民地半封建社会。鸦片战争后,虽然我国的机器工业生产水平有明显的提高,但民族工业尚未成为主导,重工业依旧被列强垄断。随着列强的入侵,清廷一些有识之士开始认识到科学技术的重要性。

1861年,为维护清政府的统治,以张之洞、李鸿章等人为代表发起了洋务运动,开始学习西方先进的生产技术、科技、文化等。以"中学为体,西学为用"为核心,清政府创办了一系列军事工业,包括创办安庆内军器所、筹建海军等;兴办了一系列新式学堂,开设翻译、通信等课程;派遣留学生出国深造,系统学习西方先进的科学技术、政治、文化等;培养了一大批具有西学知识的新式人才,推动了中国的政治、经济、教育等的近代化发展。尽管如此,中西方仍存在较大的差距,国家内忧外患、经济持续低迷、民生凋敝……由此,蔡元培提出"五育",认为国家变革的关键在于"人才",期望通过培养全面发展的高素质人才,提高国家的经济、文化、科学技术等,使国家立于世界之林。

二、现实要求

(一)中小学"五育"出现的割裂现象

现实中的教育本就是完整一体化的活动,德智体美劳五育的划分只是一种理论的抽象,然而这种理论上的抽离逐渐演变成了实践上的割裂与分工,并且是"分工且分家的"。当前中小学校,学生"疏德""偏智""弱体""抑美""缺劳"的现象比比皆是,主要是由于"五育分离""五育割裂"的深层次现代问题,导致学生片面发展、畸形发展,这背离了学校教育全面发展、全面育人的宗旨。随着新媒体日益占据人们的生活,我们看到很多关于学生有不良倾向的报道,如学生在失德方面的报道,主要表现在:不良生活起居、浪费粮食、破坏公共财产等。

体育的缺失导致一些学生体质下降,学校不得不取消长跑项目。从各大媒体的报道中可以看到,劳动教育的缺失导致学生养成贪图享乐、嫌贫爱富、好逸恶劳等不良习惯;随着家庭溺爱的"小皇帝""小公主"无休止地涌现,"小大人""巨婴"等正变得越来越普通。中小学的教师队伍大都由所谓的"英语老师""数学老师""语文老师""音乐老师"等组成,各科教师分工明确,责任清晰,专门负责教授学生某学科知识,教师的称呼跟自己所教授的学科挂钩,这就使得学校全都是"经师",而没有"全师"以及"人师"。各位教师教学任务的严格分工导致的严重后果是破坏了学生发展的整体性以及内在的自由和谐发展。

"五育割裂"必然会导致学生发展不均衡、不充分，主要有以下三个方面的体现。①

其一，学生在德智体美劳五个方面的发展上依旧存在着较为严重的不足以及某方面存在偏废的问题，这些都是学生片面发展的表现。当下唯分数论，智育独大，工具理性尤为突出，正把学生培养成高分低能、心理不健全、身体不健康、道德品质缺失，甚至好吃懒做、贪图享乐、现实拜金主义极为严重的单向度的人。

其二，学生在德智体美劳五个方面的发展上存在着彼此相互分离、毫不相干而且并没有完成整合协调的问题，这是学生的畸形发展的具体表现。在教育场域中，主要体现在德智体美劳某个方面的畸形发展，这必将导致一个人的偏执。另外，也体现在五育之间的割裂，并没有在主体内形成内在的有机融合的统一体，导致学生畸形发展。

其三，学生在德智体美劳五个方面的整体发展上存在创新能力不足、创新个性存在短板的问题，这些是学生的同质发展的主要表现。德智体美劳融合均衡发展并不意味着五育平均发展，否则学生的个性化无法凸显，使得学生平庸无奇，一个个像被工厂化了的同质产品。梁启超曾言，少年强则国强，但在实际教育教学中，此类学生与新时代所需要的人才要求大相径庭，我们需要即刻重视五育的割裂所带给学生的不良影响。

（二）新时代需要培养德智体美劳全面发展的社会主义建设者和接班人

当今中小学全面实施"五育并举"，是新时代中国教育改革与发展的根本趋势。这种趋势与新时代"育人"有着莫大的关系。对于"教育应该培育什么样的人""教育是在为谁培育人"的问题已经明确，那么，新时代教育就需要回答"教育应该如何育人？""怎样提升教育质量？"等问题。2019年6月23日，国务院印发《关于深化教育教学改革全面提高义务教育质量的意见》（以下简称《意见》），明确要求，德智体美劳全面教育体系需要得到进一步完善。同理，立德树人的教育根本任务落实机制需要

---

① 黄鸿．"五育并举"的教育实践反思及改进思路——以C市的六所中小学为例[D]．重庆：西南大学，2021．

进一步健全①。并进一步要求,全面发展素质教育必须坚持实施德智体美劳"五育"并举②。明确提出德智体美劳"五育"并举,这是历史的一大进步。在2020年全国教育工作会议上强调,针对立德树人的教育根本任务,一定要着力提高其适切性和有效性,并针对"五育并举"体系的缺陷加紧用力。我们需要建立一个爱国主义的同心圆,促进教育与体育的融合,在审美教育上树立严格的标准,建立工作教育的责任链,并搭建起家庭与学校之间的合作桥梁。③ 习近平总书记极为关注和重视劳动教育,他看到了劳动教育所能给人带来的成长与发展,并且多次在会议中提到在劳动教育过程中增智、树德、溢美、强体,实现"五育"并举,融合育人。这说明"五育并举,融合育人"已成为新时代基础教育人才培养的大势所趋,也标志着共建共享共生的中国教育新时代已经到来。

第二节 "五育并举"的现代内涵与特点

一、"五育并举"的现代内涵

1912年2月,蔡元培发表了《对于新教育之意见》一文(后改题为《对于教育方针之意见》),里面首次提出了"五育并举":"清之季世,隶属政治之教育,腾于教育家之口者,曰军国民教育。"④"于是有第二之隶属政治者,曰实利主义之教育,以人民生计为普通教育之中坚。"⑤"国可富也,然或不免知欺愚,强欺弱,而演贫富悬绝,资本家与劳动家血战之惨剧,则奈何?曰教之以公民道德。何谓公民道德?曰法兰西之革命也,

---

① 中共中央 国务院印发《关于深化教育教学改革全面提高义务教育质量的意见》[EB/OL]. http://www.moe.gov.cn/jyb_Cwfb/gzdt_gzdt/s5987/201907/t20190708_389403.html
② 同上。
③ 中国高等教育学信网. 2020年全国教育工作会议召开[EB/OL]. https://www.chsi.com.cn/jyzC/202001/20200113/1871707096.html
④ 高平叔. 蔡元培全集(第二卷)[M]. 北京:中华书局,1984.
⑤ 同上。

第一章 "五育并举"的提出

所标揭者,曰自由、平等、亲爱。"①"循思想自由言论自由之公例,不以一流派之哲学一宗门之教义梏其心,而惟时时悬一无方体无始终之世界观为鹄。如是之教育,吾无以名之,名之曰世界观教育。"②"故教育家欲由现象世界而引以到达于实体世界之观念,不可不用美感之教育"。③

蔡元培认为"五育"之间的关系不可偏废,他在文中还以形象的比喻来进一步阐述。他生动地将"五育"与人体进行了比较。军事国民教育就像人类的肌肉和骨头一样,可以用于自卫;实利主义教育就像一个人的肠胃,主要是供给营养以滋养人;公民的道德教育就像可以融会贯通全身的人类呼吸循环系统一样;审美教育就像可以用于传导的人类神经系统;世界观教育就像可以发挥作用的人类心理功能,可以让人毫无察觉地存在。因此,"五育"之间的关系就像人体的各大系统及器官一样,都是不可或缺、不可偏废的。

事实证明,五育有其各自的独特价值,不能被忽视与缺失。

自从蔡元培提出"五育并举"以来已经过去了100年,但是为什么"五育并举"在今日会被再次提到呢?二者的相通之处在于:首先是意义和性质,二者都以时代的转变和时代的分化为特征;其次主要体现在结构和内容上,都涵盖了"德育""智育""美育""体育""劳动教育",总体框架大致相同。二者的不同之处在于如下几点。

第一,二者发生在不同的时代,"五育并举"在新时代被再次提出是为了应对日益激烈的国际竞争和严峻的国际挑战,是为了满足培养德智体美劳全面发展的社会主义建设者和接班人的需要,是为了符合应试教育向素质教育转变的时代需求,是为了满足我国转型成为教育文化强国的需要。

第二,二者所处的时代问题有所不同,现如今,中国教育面临的最重要的问题不是"扫盲""普及教育"以及"获得受教育的权利"之类的基本问题,也不是"应试教育至上""学生教师压力繁重"等浅表问题以及在现代化教育建设过程中遇到的各种问题,而是主要表现为"道德缺失""智力不健全""身体虚弱""压抑审美""缺乏劳动能力"等深层次的"五育分离与割裂"的重大现实问题。

---

① 高平叔. 蔡元培全集(第二卷)[M]. 北京:中华书局,1984.
② 同上。
③ 同上。

第三,时代转型,在新时代背景下,原有的"德育体系""智育体系"等都要面临着新的挑战与体系重构,构建"美育新体系""体育新体系"等。

通过以上对新旧"五育并举"的对比,发现它们在不同时代有着巨大的差异。本书的"五育并举"是指在新时代背景下,中小学教育内容包括德智体美劳五个方面,学生应该具备德智体美劳五方面的基本素养,也指的是全面发展教育思想在我国新时代教育理念方面的集中体现。

二、"五育并举"的基本特点

揭示"五育"之间的内在联系是正确理解"五育并举"理念的关键所在,"五育"之间相互融合、相互促进。[①] 因此,我们必须把"五育并举"的德智体美劳看作一个有机整体。这是落实"五育并举"理念的基础,只有明晰五育之间的内在关系,才能更好地践行"五育并举",使这一理念落地生根。

(一)"五育"的独特性

基于人的全面发展,五育的各育不是孤立存在的,它们都是全面发展教育的一部分。在实践过程中,教育活动是整体全面的,每一项教育都肩负着五种教育职能。

教育活动是整体的和多方面的,但是未能对教育活动提供全面的回应会导致目标不明确,并且缺乏重点。因此,必须全面发展和有针对性地开展五育,其中德育教人善,智育教人追求真理,体育教人提升身体素质,美育教人提升品位,劳动教育教人体脑并用。五育以其各自独特的教育任务共同培育新时代全面发展的高质量人才。

1. 德育的独特性

人与人在互动关系中形成了社会关系,还构成了人们共同生活的社会大环境。但是,在人们的交际互动中,我们必须遵循约定俗成的社会规则,即社会道德。因此,道德是社会性的核心,是人的精神灵魂。人没

[①] 黄鸿."五育并举"的教育实践反思及改进思路——以 C 市的六所中小学为例[D]. 重庆:西南大学,2021.

有道德,会让人无法忍受。德育是社会伦理规则的内在化过程,主要通过有意识地组织活动,将社会伦理规则转变为个人美德。德育有广义(大德育)和狭义(小德育)之分。广义是指思想教育、道德教育、政治教育、法学教育、心理教育等,狭义是指道德教育。思想教育主要侧重于引导人们树立正确的三观,公民对国家的政治信仰和政治认同是政治教育的主要内容,法制教育主要是培养人们对法治和法律思想的认识,心理教育是指健全的人格和心理健康教育,德育的任务主要是:引导人们对德的认知,激发对德的情感。

2. 智育的独特性

人的健全发展,不管具体包含什么要素、多少要素,都必须包含健全的心智。健全的心智是人的全面发展的核心。智力教育是一项需要获得知识、获得技能、提高智力和发展智慧的教育活动,而智力教育的最终目标是追求智慧的增长。它继承并发展了人类文明创造的所有物质和精神财富,并利用科学知识解决实际问题,提高学习能力。

随着时代的前进,知识爆炸时代已经到来,教育无法完全完成知识的传授任务,而智育侧重于终身学习,将受教育的学生从"学习知识"转变为"学会学习的方法",以发展新时代所需要的智力和能力。智育的任务主要包括基本知识和技能的提供、智力的发展、科学精神的发展以及创新意识和能力的培养。

3. 体育的独特性

身体是人类发展的物质基础。中国于1904年将"体操"列入其课程表,并于1922年将其更名为"体育"。它对于人的全面发展必不可少,也是全面发展教育的重要组成部分。体育的主要任务是向学生教授健身运动的专业知识和技能,引导学生养成热爱运动、积极健身以及健康的生活态度。我们要注意人的全面发展,关注人的身心健康,正确树立身体就是一切的基石的观念,认识到体育的重要性,锤炼体育品德,养成健康的行为习惯,增强人的体质。

4. 美育的独特性

有加强健康的教育,有提升意识的教育,有促进道德的教育,也有提高鉴赏力和美的教育,之所以进行美育,其目的是可以增进情感与整个精神世界对美的感知,实现最大限度的和谐融合发展。美育主要通过特定而独特的美丽事物来感染、影响和启发人们的灵魂。它将教育融入娱乐和美感之中,从而促进身心健康,并实现完美的心理建构及完美的个性和谐发展。

美育的重点是培养审美素养和人文素养,通过对人进行文化熏陶与审美感染以提升审美素养。面向人类审美发展的需要,美育是发展教育必不可少的部分。美育可以潜移默化地影响人们的品位、气度、胸怀、情感,还可以提升人们的精神气质,浸润人们的心灵,增强人的情感。引导学生理解和感受美,引导学生树立正确的审美观念,培育高尚的道德情感,增强学生的创造力是美育的主要任务。

5. 劳动教育的独特性

"五育"中的"劳"是指劳动技术教育,主要任务是教授给学生关于劳动技术的相关知识和技能,引导学生养成积极正确的劳动观念、劳动态度和劳动习惯。劳动教育和技术教育是劳动技术教育的两个方面。劳动教育侧重于培养学生良好的劳动品德,爱劳动,爱劳动人民,尊重劳动成果,树立正确的劳动观,培育积极健康的劳动态度和劳动习惯,以增强学生的社会责任感以及集体荣誉感;同时,劳动技术教育可以将劳动相关知识与实际劳动结合起来,将劳动理论与实践结合起来,有效地加深学生对劳动知识的理解。劳动教育需要引导学生正确充分地理解劳动的含义,树立积极的劳动观念,激发学生的劳动热情,端正学生的劳动态度,掌握劳动的基本知识和基本技能,激发学生的技术意识和学习能力以及培养创新的劳动能力。

(二)"五育"的融通性

五育中的每一育都有其自身的价值和任务,充分体现了五育的独特性。因此,实施"五育并举",五育的地位是平等的,缺一不可的。但是,"五育并举"并不是五种教育的独立实施,学校实践活动中没有单一的教育活动,充其量,它是基于某一育融合其他各育而开展的。因此,"融合"是五育之间的最佳状态。

五育融合与贯通的前提是五育之间的有机关联。具体而言,德育是

第一章 "五育并举"的提出

其他各育的灵魂,贯穿所有教育之中。智育为实施其他各育提供知识和智力准备。体育为其他各育提供了健康的物质生理基础。美育是一股精神力量,以促使其他各育发展。劳动教育是对其他各育效果的全面而实际的应用和检验。

1. 德育与其他各育的关系

人不能缺乏德行,德育是建立在道德修养基础上的,全面发展的人必须以德育为基础,德育必须渗透到其他各育中,为其他各育指引方向、创造灵魂。

其一,道德决定才能和智慧。将道德放在首位,具有能力和政治诚信是人才成长的必然法则。没有真知是不可能存在善的,没有道德品质也是不可能获得真知的。因此,以德之善引导真知。

其二,德健体魄。身体是人存在的物质基础,没有德行的体育不但不能强身健体,甚至可能危害身体。健全的身体也不仅仅是指身体的健康,还有心理的健康。只有将德育和体育运动渗透并融合起来,才能发展身心,增强体质。

其三,以德悦美。任何包含美德的东西都是美好的,而美好的事物则必须蕴含德行,因此需要注重美和德的统一,以美促进德,以德蕴含美。我们要培育学生发现美、感受美、欣赏美并以高尚的道德创造美。

第四,注重劳动道德品格塑造。劳动教育与技术教育和职业教育有明显差异,其主要侧重于培育学生积极的劳动品格。

人对待劳动的习惯,对待劳动的态度和能力能预见一个人的道德品性。因此,在劳动教育中树立良好的品德教育是必不可少的。

2. 智育与其他各育的关系

智育是全面发展的人必不可少的要素,主要负责知识的传授和精神的发展,但实际的教育和教育活动不仅要发展学生智力,还要肩负其他教育任务。发展智力、积累知识离不开其他各育的融合。同样,其他各育的发展也与智育密不可分。人们的道德、审美、健康、劳动等都是建立在特定的道德观、审美观、身体观以及劳动观念上的。智育,尤其是在智育中脱颖而出的心智的发展为德体美劳各育提供了智力基础。具体表现如下。

第一,智育为德育提供智力基础。道德形成的主要纽带是现代道德认知。承担德育任务是教育的必然职责。所以,智育是德育的必然基础。通过智育,我们才能准确把握道德教育和社会道德的丰富内涵,增强个人道德认识和道德判断力。

第二,智育为体育提供科学的基础知识及有效的训练方法。教授学生掌握健康的基本知识和技能是智育的主要任务。

第三,智育为美育提供了认知工具和思想基础。美育可以提升审美趣味和情感,但它需要丰富的审美知识、观察力、想象力和创造力。因此,智育就可以帮助学生获得美学知识,并提高他们评估、表达和创造美的能力。

第四,智育可以使劳动者获得工作所需的知识和技能。现代生产劳动需要越来越强大的基础,而劳动者要继续学习他们的技术知识和技能来开展科学工作,学习如何提高劳动效率。智育,可以获取大量的劳动知识、经验和技术支持,使学生有一定的智力基础,掌握劳动技能及科学的实践技巧。

3. 体育和各育的关系

体育是其他各育的物质基础,主要体现如下。

其一,以体蕴德。培养学生的体育道德、品格、精神风尚等是体育的主要任务。体育不仅可以潜移默化地影响学生培育聪明机智、勇敢坚强、坚韧不拔、顽强毅力等优良品格,而且可以在体育比赛中具有尊重对手、遵守规则、团队合作、公平竞赛的意识。

其二,以体益智,促进学生心智发展。智育是一项高强度的智力活动,需要丰富的经验和足够的身体投入,而健康的身体是智育的基本保证。学生学习要有张有弛,劳逸结合,这对于学生身体发育以及激发学生学习活力具有积极意义。

其三,以体健美,成就健康美。新时代的美不仅仅局限于优美矫健的身姿,而更在于人本身的健康状况和积极对待生活的健美心态。在体育活动中,灵活的身体运动、优雅的动作姿态等都是美育的教育资源,体育锻炼对于健康美的养成有积极的作用。

其四,以体助劳,健康的身体是劳动的前提。劳动教育需要借助劳动来完成,在劳力上劳心。显然,病态的身体无法较好地完成劳动任务,

第一章 "五育并举"的提出

其自身素养也得不到有益的发展。通过锻炼促进身体健康发展,为劳动教育打下基础。

4. 美育与其他各育的关系

美育的任务是培养学生的审美品位,培养情感,激发他们的想象力,展示自己的美德,增强他们的美感。因此,对于其他各育而言,美育可谓是人们的精神家园。美育的加强可以改变传统德育的重理性、以灌输式教学为主的方法。此外,美育本身也具有德育价值。正确和积极的审美品位和情感不仅是善与恶之间的区别,而且是一种道德价值观。具体来说,表现如下。

其一,以美激智。美的知识代代相传,是人类的重要精神财富。美的知识不仅传递了知识,还提升了学生的精神修养,从而激发学生创造美的能力。人追求真知,也是对美的热烈追求。美育激发了学生的兴趣和求知欲,可以促进学生的整体素质和个性发展。

其二,以美健体。体育运动不仅训练身体,而且塑造美丽的身心。在体操、跳舞、游泳等体育运动中都蕴含着各式各样的美。在体育比赛中,学生可以发展耐心、团结和奋斗的精神。

其三,以美益劳。劳动创造了世界。我们的社会越来越好,因为我们正在按照美丽的规律进行探索。增加对劳动者的审美教育是新时代社会主义建设者和接班人必不可少的,这不仅有助于培养他们的审美观,而且有助于培养他们的劳动意识和劳动情感。

5. 劳动教育与其他各育的关系

劳动创造了人本身,还创造了世界。劳动实践蕴含着德智体美各因素,因此劳动的过程是对德智体美的集中检验,也是培育全面发展的人的必要途径,具体表现如下。

其一,以劳树德。劳动教育解决的第一个问题是对劳动的态度、情感,使学生树立正确的劳动观念。劳动过程还要求学生形成良好的道德操守,敬爱劳动人民,尊重劳动成果,忍受劳动艰辛和努力勤奋,并塑造学生在劳动中的良好道德行为。

其二,以劳增智。劳动教育需要解决的第二个问题是怎么去劳动?如何提升劳动效率,这就需要智育的培育。学生也正是在劳动的过程中思考解决方法,以增长自身的劳动知识和技能。在此过程中,学生手脑并用,促进其智力的发展。劳动教育引导青少年在做中学,在做中求进步,把间接和直接经验联系结合在一起,有助于锻炼学生的实际动手能力。

其三,以劳强体。劳动教育不是体力劳动,但需要借助体力劳动来进行劳动教育。由此,劳动教育对学生体质发展具有直接的作用。劳动教育引导学生享受劳动,锻炼自己的意志,克服困难,锻炼自己的工作能力和忍受挫折感,以促进其心理和人格的健康发展。

其四,以劳逸美。劳动需要创造力,劳动中蕴含着美感。劳动者之所以美丽,是因为他们创造了美好的生活,并提升了自己对美的追求、对美的感悟、对美的欣赏与创造。

第三节 "五育并举"的时代价值与意义

一、有助于构建新时代德智体美劳全面发展的培育新体系

中国特色社会主义进入新时代,新时代的主要标志是追求平衡、充分发展,主要体现在我国主要社会矛盾的转变上。如今,我国的主要社会矛盾是从人们日益增长的物质和文化需求与落后的社会生产之间的矛盾,转变为人们日益增长的美好生活需要和不平衡不充分的发展之间的矛盾。因此,均衡和全面的发展是教育所追求的重要层面,其重点是坚持立德树人,并构建一种培养德智体美劳全面发展的教育新体系。

"五育"全面发展,不但是人的基本素质要求,而且是人类社会教育的终极目标。"五育"之间是相互融合、相辅相成的,是必不可少的完整有机体。只有将德智体美劳"五育并举"真正落到实处,"立德树人"的教育根本任务才能进一步推进。在目标定位方面,"五位一体"的培育内容包括塑造人文精神和指引方向的"德育"、培养才能的"智育"、健美的"体育"、塑造思想的"美育"、实现梦想的"劳动教育"。构建德智体美劳全面培育的教育体系是马克思主义关于人的全面发展思想的继承和深化,以

满足人成长发展的需要,实现人的个性化和社会化的有机统一。各个时代对于全面发展都有相应的解读与要求,从德、智、体"三育"到德、智、体、美"四育",再到德、智、体、美、劳"五育并举",全面发展教育内涵逐渐丰富,其教育功能"真、善、美、健、实"也日益凸显,为新时代构建全面培养教育体系提供了内容与要求。

二、有助于培养全面发展的高质量人才

教育的首要问题是"培育什么样的人",不同时代、不同国家、不同学者对这个问题的回答往往是不同的,而且经常引起争议,但是与此同时,也形成了一些基本共识。教育需要培养社会发展所需要的人,具体而言,就是培养社会发展、知识积累、文化传承、国家存续、制度运行所要求的人。

事实证明,我国的政治制度也决定了我国需要培育的是社会主义建设者和接班人。培养德智体美劳全面发展的社会主义建设者和接班人是新时代中国特色社会主义教育的主要目的。它主要包括两个部分:一是社会主义的建设者和接班人,它清楚地表达了教育需要培养的人才的政治属性和总体规划要求,并阐明了人才培养的基本价值方向,这充分体现了我党需要培育又红又专且德才兼具的具有政治觉悟的人才的要求;二是新时代人才培育的质量结构的普通要求是需要学生在德智体美劳上全面发展。以上两个方面是内在统一且紧密联系的,既表现了社会价值和教育培育功能的和谐统一,又体现了人才的政治素养与德智体美劳全面发展素养的辩证统一。因此,在中小学实施"五育并举"是培养新时代要求的高素质、高质量、综合全面发展的人才的必要举措。

三、有助于推进幸福社会的实现

为中华民族谋复兴和为中国人民谋幸福是中国共产党的初心和使命。为了落实教育的初心和使命,重要举措之一就是大力推进幸福教育,造福人民、造福社会、造福子孙后代,为幸福人生、幸福社会、幸福中国奠定基础。新时代幸福教育简称为新幸福教育,也可以称为立德树人的幸福教育新体系。从一定程度而言,幸福可以被认为是一种主观感

受,或是一种知识系统、价值系统、行为系统、习惯系统、能力系统和体验系统,具有可塑性、可教性、可学性。

因此,只有教育搞好了,人民才有获得幸福的本领,幸福社会才得以实现。新时代好的教育离不开"五育并举、立德树人"的教育,这是满足人民美好生活需要、提高平衡充分发展获得感的教育。人民满意的教育更是奠基幸福生活的基础。深化"五育并举"是新时代提出的新要求。从2019年开始,教育部多次下发文件强调要坚持"五育并举",加强中小学素质教育,突显德育的实际效能,提升学生的智力水平,强健学生体魄,增强学生的美育感染,重视劳动教育,以共同促进学生全面和谐发展。从"五育并举"的社会功效来看,德育能够培养人民的社会公德,有利于构建和谐社会;智育能够提升人民智力水平,有利于建立科学社会;体育能够增强人民体质体能以及普及健康知识,有利于发展健康可持续发展社会;美育能够提升人民的审美,有利于打造美丽社会;劳动教育有利于培养人民的动手实践能力,正如习近平总书记强调的:"民生在勤,勤则不匮。"其有利于全面建成小康社会。由此可见,深化"五育并举"是新时代推进幸福社会的崇高使命。

第二章　五育并举视野下强化家庭教育

家庭是人生最早接触的场所,是青少年成长的摇篮。青少年生活的主要场所和最基本的生活需求均来源于家庭。青少年成长过程中,家庭的影响持久而深远。家庭成员直接影响青少年的教育和成长。2021年《中华人民共和国家庭教育促进法》颁布,意味着家庭教育有了法律依据,促进家庭教育的最佳途径是支持家长,帮助父母成为有实践智慧的教育者,促进家庭教育在青少年成长中发挥积极作用。本章就来分析五育并举视野下强化家庭教育的内容。

第一节　家庭教育的相关内涵

一、家庭教育

教育是培养人的社会活动。教育往往是教育者和受教育者在一定场域中展开的活动,根据教育的场域的不同主要可将教育分为三大类型:其一是家庭教育,其二是学校教育,其三是社会教育。教育家陶行知先生说:"生活即教育。"家庭不仅具有抚养子女的功能,还具有教育功能,家庭的教育功能,便是让子女融入家庭生活中。家庭教育是个体在这个社会上接受的第一种形式的教育,在个体的成长过程中,家庭中的每一个成员的语言、行为、习惯都会对个体产生影响,严格说这些并不能全部称为教育。所谓的教育必须具有目的性、计划性的特点。[①] 比如，既包括对子女观念的引导、对行为习惯的养成，还包括有目的地创造家庭氛围和家庭环境。

国内外的学者形成了很多与家庭教育有关的定义与概念。研究者分别基于各个层面阐释家庭教育，以期揭示家庭教育的内涵、本质。本书认为家庭教育并不一定仅局限于家庭，所有家庭成员间有计划、有目的地干预或者影响都可称为家庭教育。它可以发生在家庭中，也可以发生在家庭以外。除了父母教育子女外，家庭教育还应该包括祖辈教育孙辈、父母受子女教育影响、子女与兄弟姐妹间的影响等。综上，本书认为家庭成员之间长辈对晚辈在相互交流过程中的教育和影响，都可被归为家庭教育的范畴之中。

二、家庭教育的内容

家庭教育的内容可以用当下流行的家庭教育理念来定义，即赵雨林学者的三道教育：为生之道、为人之道、为学之道。[②]

（一）为生之道

"为生之道"是家庭教育的基础，也是家庭教育最本质的内容。家庭教育作为学校和社会教育的基础，肩负着重要的使命和责任。

首先，教给孩子生命健康是一切的前提，要珍惜生命，远离危险事物。这是一个人健康成长的基础。

其次，要保证孩子的身心健康，教会孩子如何保养身体、拥有健康体魄的同时，还要有一个健康的心理，如一个良好的心态，去努力克服生活中的种种困难和挑战。这是一个人必须拥有的基本素质。

最后，教会孩子如何去适应社会大环境，不去危害他人，不做违法犯罪的事。这是能够成为一个真正"社会人"的保证。

[①] 李红红. 家庭教育对大学生价值观的影响研究[D]. 太原：太原科技大学，2021.
[②] 王晖，杨清. 家风建设对家庭档案文化教育功能的诉求[J]. 兰台世界，2019(8).

第二章　五育并举视野下强化家庭教育

(二)为人之道

"为人之道"是以生命价值为核心。生命价值的体现是通过"为人之道"来实现的。面对生活中的失败和挫折,应该用怎样的心态来面对,是乐观还是悲观?如何看待这些问题?下一步又应该怎么做?这些都取决于父母的教育,也是家庭教育的结果。具体来讲,"为人之道"可以分为角色定位、人格特点、处世修养。

首先,家庭教育要从自觉或不自觉中暗示并教会孩子进行角色定位,让孩子接受并感知自己的角色。

其次,人格教育是家庭教育的重要内容,通过人格的可塑性,父母可以培养和发展孩子的人格。

最后,处世修养也是生命角色和人格人生的升华。通过进行角色定位和人格的培养,使孩子形成一种处世的价值观。在这个过程中,家庭教育会进一步刺激孩子的价值观念,教给孩子遇到事情时应该如何看待,怎样来提升自我修养,使孩子拥有豁达的心态和高尚的品格。

(三)为学之道

"为学之道"是以生命智慧为核心。只有学习,才能拥有生命智慧。在家庭教育中,父母要让孩子知道学习的重要性,并不断激发他们的学习热情,使他们学会自主学习,从而形成良好的学习品质。在学习的过程中,使孩子逐渐形成自身特有的素质,实现综合素质的提高。并在此过程中,家长要不断发现孩子的长处和优势,对孩子加以适时引导,将孩子自己的特长发挥出来。

三、家庭教育的特点

(一)早期性与连续性

有别于学校与社会教育,家庭教育是一个人最早接受的,且持续时间最长的教育方式,具有早期性与连续性的特点。

我国教育学家蔡元培就曾在他的论述中指出早期家庭教育的重要

性。早期家庭教育在一个人的成长过程中发挥着重要的作用,它是人出生以来接触的第一场所,对一个人的人格、品德等的形成都具有重要的启蒙影响。成功的家庭教育是一个人成长的基石,是其他所有教育的起点。这即是家庭教育的早期性。

所谓家庭教育的连续性,是指每个人都从家庭中成长起来,不论处于人生的哪个阶段,都在父母或者家庭成员有意或无意、自觉或不自觉间,以任何方式对他们进行的家庭教育,并终身受到其影响。上大学以后,青少年还将继续接受家庭教育,但在教育的方式和内容上会与以往略有不同,由以前的只注重学习变为更加注重他们的全面发展,教育方式也更加灵活。

(二)感染性与权威性

家庭教育的感染性体现在家庭内部环境中,不论悲伤还是喜乐,父母的言行举止都会对孩子起到一定程度的感染作用,孩子可能会以类似的情感来进行反馈,即使是很小的孩子也不例外。因此,其性格特点对孩子存在着深远的影响,决定着他们对事物的态度和处世的风格,并起到榜样的作用。正因为孩子与父母朝夕相处,孩子受到父母感染的同时,家庭教育还展现出了权威性,不论是物质生活方面的需求,还是情感道德方面的需求,孩子都与家庭紧密相连并深深地依赖着家庭。因此,家庭教育对青少年不仅具备一定的感染性,同时还具有权威性。

(三)及时性与针对性

家庭教育与学校教育不同,学校教育往往是由教师主导的,依据一定的规章制度所进行的有组织有系统的教育活动,教授内容偏向于知识性。而家庭教育却是在平日家庭生活中所进行的,偶尔会有一定的目的性,但很多时候是父母完全凭借自己的主观愿望,针对某些突发问题对子女进行的随意教育。因此,家庭教育具有及时性的特点,它体现在家庭生活的各个方面。

家庭教育的及时性中也内在地包含针对性。在对孩子的教育中,父母能够很好地针对孩子出现的具体问题进行具体分析并给出一定的解决方案,因此家庭教育的作用很好地被凸显出来,教育效果也将更佳。

第二节　当代家庭教育存在的问题

家庭教育对于受教育者而言是一切教育的起点。随着社会的发展和进步,越来越多的人意识到家庭教育的重要性。但随着孩子的成长,父母面临着越来越多的教育问题。目前,家庭教育问题已经成为全民的困惑,一方面,意识到教育问题重要性的家庭越来越多;另一方面,家长们所遇到的家庭教育问题也越来越复杂。经过分析,笔者认为有以下原因。

一、家长对家庭教育本身并不理解

从社会角度看,随着社会的发展,社会各方面发生了巨大的变化,社会价值观念日益多元化,教育观念也多种多样,家长面临着的不仅仅是由于社会进步所带来的教育观的影响,还有来自异国经验的冲击,以及社会培训机构对应试教育观点的强化等原因,使得家长不理解真正的家庭教育应该呈现什么状态,在教育方法和教育观点方面束手无策,不知道什么样的教育方法适用于自己对子女的教育,从而有利于子女的成长。

二、家教文化在家庭教育中的日渐削弱

从家庭角度看,虽然时代在发展,社会在进步,但中国的传统文化并没有得到很好的继承,家教文化在家庭教育中的作用日渐削弱。同时,家长缺少教育学、心理学知识,对家庭教育方法一知半解,轻视或忽视家庭教育的影响,导致孩子在家庭中并不能得到很好的教育,出现的问题越来越多。另外,由于社会的进步,使得双职工家庭比例增大,在目前社会支持系统尚不健全的前提下,父母双方难以兼顾家庭和事业,这对家庭教育而言,由于父母很容易就家庭教育问题相互推托,从而增加家庭教育的困惑。

三、家庭教育社会支持层面存在欠缺

从社会角度看,受社会环境影响,家庭教育的问题越来越多,家长在家庭教育方面所表现出的种种困惑需要有效的社会支持,但目前我国在家庭教育社会支持方面并不尽如人意。

第一,社会支持的对象瞄准的是弱势群体。在家庭教育领域,社会支持的对象不应该仅仅是某类固定群体,每个家庭都会面临家庭教育问题,都需要社会支持,只是不同类型家庭、不同阶段,家长所面临的问题不同而已。

第二,社会支持的资源较少。目前我国在家庭教育的支持方面投入的资源不足,所以其介入领域和能力十分有限。

第三,家庭教育社会支持的主体,应该包括政府部门、社会力量及个人。经过了解,家长实际在家庭教育方面的支持大多来自个人人际关系网,如亲友、同学和同事等。由于不同家庭的交际范围不同,他们在子女的教育问题上可利用的资源和质量也有所不同。

从以上三方面可以看出,针对目前家庭教育所出现的一系列问题,如果能对家庭、对家长进行有效的指导和支持,将会解决家庭教育的大部分问题。因此,家庭教育问题丛生的主要原因是缺少家庭教育的社会支持。

第三节 五育并举视野下强化家庭教育的路径

家庭内抚育人的内在规定性,以及家庭对子女成长不可推卸的责任,规定了父母必然需要获得教养孩子的能力。这种能力并非天然生成,而是要通过教育和培训的手段来获得。要想实现这个目标,既需要教育系统构建多元化的家长教育形式,以家庭教育的课程形式培养父母的职业能力,还需要构建家长自我成长的系统支持,从而促使家庭教育成为教育事业中的重要一环。

第二章 五育并举视野下强化家庭教育

一、倡导多元主体参与促进协同育人机制建设

家长社会角色的复杂化、多元化特征决定了家长教育在时空上的灵活需要，定义了家长教育开放性、非正规化教育的属性。家长作为成人来说，其参加学习都要受到社会分工的客观约束，与他们担负的社会职责和义务密切相关。因此，家长就需要处于不同的教育场所，以满足其学习的时空需求。立足于家长的现实需要和家长教育的发生领域，必然需要调动广泛的社会主体参与到教育实践中，以实现对家长的多因素教育影响，促进家长的连续性发展。

（一）激活家长学校的职能

从共同的育人目标上说，学校是与家长联系最为紧密的社会组织。基于学生的发展要求，双方的活动具有共同的对象指向，家庭与学校之间互动极为频繁。学校作为专门的教育组织，对于学生的身心特点具有专业的观察视角，在教育的理论和实践上具有专业的权威性。学生成长的经验信息、发展测量的显性结果，是家长和教师研究学生的直观材料，这些材料源于学校专业技术的提取。再者，学校作为文化锻造场所，具有对社会文化的选择、传播和生产机能，具有对文化、社会影响进行筛选、组织、加工的专业技能。因此，立足于学生的发展要求，应以学校专业组织对家长的教育实践为指导，这是实施家长教育的重要形式。

但是，从教育的类型上来说，家长学校和中小学是不同的教育类属，两种办学模式必然造成了责任、制度、管理的冲突，最终导致家长学校中，家长教育实践的边缘化。因此，通过家长学校实施家长教育的前提是协调两种办学模式的矛盾和冲突，构建家长教育和普通教育两条线的实践逻辑。在家长教育范畴上，要加大学校主体的教育改革，在同一领导下，构建相对独立的组织机制，设置独立的教学系统。这个系统一方面要保持与中小学系统的沟通与合作，充分了解学校学生的现实状态，以取得和家长进行有效沟通的直接材料，同时满足家长接受教育的现实需求；另一方面，要结合家长学习的规律，考虑家长参与学习的现实条件，利用开放性、灵活性的教学模式，结合家长参与学习的时间以及学校的空间利用，运用系统的家长教育课程对家长实施有效的教育。总结而

言,家长学校的普及化教育系统是立足于不同阶段的学生发展要求,有效提升家长教育能力的重要手段。

(二)发挥社区家庭教育指导中心效能

社区是家庭边界扩大后与家庭距离最近的家外组织,从空间上来说,与家庭地域距离相近,家长可以对闲暇时间加以利用。从文化上来说,社区是介于家庭和社会中间的群体组织,是有效了解和研究家庭实践的重要组织。从功能系统来说,社区是组织家庭与家庭之间社会关系、沟通家庭与社会的中间组织。这不仅关系到家长教育的效能,关系到社会治理的效率和公共服务的供给效果,而且关系到家长参与教育的积极性、针对性。因而,构建社区内的家庭教育指导中心,提供家庭教育的咨询辅导、调节指导和研究评价等,是有效组织家长进行教育的重要手段。同时,社区文化的建设、社区亲子活动等群体社会活动能潜在促进家长角色发挥作用。

目前,家庭教育的育人成效不足的问题引起了广泛的社会关注,提升家庭教育的教育影响作用,是实现教育现代化变革的重要战略布局。社区家庭教育系统的构建旨在为家庭教育事业调动广泛的社会资源,实现家长教育的公共服务系统构建。进一步分析,社区家庭教育指导中心对家长教育的实践落脚点,要基于家庭教育系统的生成性发展,通过指导家庭教育行为,传播家庭教育理念,调节家庭教育的目标,帮助家长理解家庭教育的具体任务,认识成人与成才的关系和区别,引导家庭形成科学家庭教育文化意识,进而完成家庭道德教育的主要任务。同时,这种有赖于社会育人理论知识的指导工作,不同于社区以成人为主体的其他文化活动,需要科学的抚育知识作为指导,有计划地发动家长参与其中,进而对家长实施教育影响。所以,社区家庭教育指导中心效能要得以发挥,需要构建专业的教育系统,聘用专业的教育人员,对社区家庭教育的客观情况进行观察、研究,并结合家长实际需要,通过讲座、咨询、宣传、集中教学等方式,系统地对家长实施教育。

(三)调动社会力量的功能

根据家长和子女的社会活动范围,家长教育的生成系统进一步扩大,这就使更多的社会力量参与到家庭教育实践当中。具体而言,一方

第二章　五育并举视野下强化家庭教育

面,随着知识传播技术的多元化,家长学习的渠道增多,文化资源供给的扩大,促进家长获取信息形式的多元化。另一方面,子女教育的多元化选择、家庭结构的独特性等因素,导致家长产生接受教育的个性化需求,应充分调动社会机构参与家庭教育指导,满足家长教育需要。为保障每个家长和家庭学习机会的获得,必须要丰富家庭教育指导形式,整合社会资源,提供开放性的家庭教育指导渠道。值得注意的是,家长教育的社会组织参与是回应家长教育的现实需求,无论多少机构参与,绝不能一拥而上,然后一哄而散。社会参与力量要立足家庭教育的个性需要,这是社会机构参与家庭教育的重要起点,针对家长面对的独特困境和辅助需要,提供针对性的指导和建议,帮助家长解决家庭教育领域的疑难杂症。同时,网络技术进入生活场域后,为中国数字文化的传播创造了技术条件,家长的智能生活对有效利用网络资源、提升自我素质提出了要求。因此,构建网络渠道的家长教育系统,是对家长网络生活资源的有效利用,也满足了家长对教育形式简易化的诉求。值得注意的是,网络的普及化从积极方面来说,实现了文化传播的公平性,使得接收信息的方式普及化、便捷化。但是网络传播的低门槛同样导致异化的观念传播泛滥,家长接受未加筛选、甄别的文化观念,极易导致家庭教育观念的变异。另外,各类经过各种意识加工、主观臆断的文化观念被家长接收后,一方面会引起家长观念的自我矛盾,陷入认识混乱的观念之中,容易生成病态的主观观念;另一方面,这种主观的文化形态经由不同的传播载体后,不断加入个体意识的判断,侵入家长观念之中,导致家长形成主观臆断的教育理念,造成了家长教育观念的扭曲。因此,家长教育的网络文化传播路径构建,一方面迫切需要权威的引导,通过对文化传播主干渠道的疏通,形成科学教育理论的主流标准,主导家长的教育观念意识核心;另一方面,家庭教育理论的文化产品要下移,将理论教育思想进行加工,使其具象化,使之与家长学习相适应,调动传播的大众机制,构建科学家庭观念的主流文化。与此同时,要调动市场的家长教育因素,培育民间组织的家长教育结构,促进家长教育的多元化生态。但市场因素的调动需要严谨的调控力量,要加强对市场力量的评价考核,既要鼓励积极的影响力量,又要严格控管消极的市场因素,保障家长接受教育的权益。

二、优化家长教育的课程

家长的教育角色常态入场,依赖于家庭教育的实践。人的成长过程中,不仅需要父母提供物质营养,为其生理活动提供养分,还需要父母提供心理营养,促进精神世界不断发展。当前教育的异化现象,客观上反映了家庭教育的效能不足,凸显家长教育的本质需求。可见,教育系统内应当建立有关家长教育的独立学科课程,以促进家庭教育的科学理论广泛传播,促使家长能够有效发挥教育效能。

(一)构建学校教育的家庭课程

在学校教育的目标设计中,育人主体主要是针对学生独立的个体,目标实践过程中期望将人培养成为满足社会要求的个体。这种目标重视使个体成长为具有社会生产、生活能力的人的培养要求,将所有因素调动起来对人发挥作用。家庭作为发展人的影响因素之一,其被迫纳入学校育人目标的场域中来,强调其教育作用的主动性。这些所有的影响因素被抽离后,组成了有助于学生身心健康、发展为社会个人的课程内容,从而促进学生的全面素质发展。这种学校教育系统的制度设计,包括学校课程的设计取决于是否有助于学生自身的发展,从而忽视了学生作为家庭的社会关系存在,其自身认识发展的同时也是促进家庭教育效能的提升,从而反哺家长认识形成的重要手段。故而,在学校教育的过程中,关注学生自身对家庭教育的反向影响,是促进家长抚育能力提升的重要手段。人类学家米德根据人类文化的发展,提出"三喻文化"的文化传递理论,根据知识的使用情况,家长固有的文化认识在一定的阶段无法满足现实要求,此时需要从年青一代中去获得新的知识。这正是印证了家长教育的现实需要,也提供了子女教育家长的理论支持。

人们必须为家长设立一种角色形象规范,使家长能够引导自己的孩子去学习。同时,那些较为成熟的孩子,能够通过对话引导长辈获得新的知识。所以,基于学生在家庭中如何正确扮演受教育者和文化影响者的角色,如何将学校学习的知识与家庭生活相结合,以及如何处理家庭中道德要求与自我品德的冲突等,需要学校系统构建一门"家庭"学科,促进家庭生活的科学化、家庭教育的规范化,从而影响家长家庭教育实践的认识。苏霍姆林斯基指出,应从孩子小时就培养他做父母的义务感。这不仅是培养未来家庭父母的课程,也是激发子女反思父母行为的合理性,体验家庭角色的责任感,形成"养儿方知父母恩"的角色意识。

(二)构建家长教育的培训课程

通过对家长的社会角色解析可知,家长并非专门化的职业,而是在承担多元社会角色的情况下,以完成生命周期内不同阶段的自我生产义务,进而被人类社会赋予的家庭角色。这种角色决定了家长不仅具备独立钻研,进而形成科学的家庭教育技能;同时,家长角色也是他们必然要去履行的社会责任。人的生命周期单向发展,决定了家长履行职能没有先验的知识准备,只能在家庭的不同阶段,发挥具体的抚育作用。并且,人的成长阶段性、顺序性以及复杂性规律,决定了家长履行自我职责的时候,需要面临新的问题和要求。在子女发展的不同阶段和个体差异性上,父母在不同时期要面临的任务不同。在这种矛盾之下,家庭教育的有效开展,并不是家长通过一蹴而就的系统学习就可满足并贯穿整个角色过程的始终,而需要外部的培养支持。社会需要构建满足家长不同时期需求的培训系统,构建系统的家长培训课程,通过非正规教育的方式对家长进行教育,以保证家长有效实施自我角色的教育影响。

具体而言,家长教育的课程要充分解读家庭的教育逻辑,帮助家长理解家庭教育实践的发生机制,认识家庭教育的任务和目的,结合传统优秀的家教文化资源,发挥家庭的教育职能。这是培育家长树立科学的家庭观、教育观的关键手段,只有在科学的观念指导下,才能促使家庭教育朝着良好的实践方向发展。尤其是在学龄期后,家庭与学校教育的边界模糊,家长对家庭教育的内在本质认识不足,极易导致家庭教育在家校互动中越界,从而导致自身的功能缺失。此时要促使家长明确自我角色的地位和作用,在正确观念的指导下,坚持家庭教育的独立场域,实现不缺位、不越位的家庭教育实践。同时,要立足于儿童的发展规律,在不同的儿童教育阶段,解读家庭教育的具体任务和目标,教授家长实施教育行为的方法。家长在理解不同时期的自我角色作用后,才能在家庭生活中能动地渗透教育行为。这要求家长教育的课程要与子女的成长阶段相呼应,根据不同的教育阶段对应相应的培训课程,促使家长教育的理论与实践相结合,有效保障教育实效。在课程实施上,要考虑家长参与学习的时空限制以及成人学习的特点,按照集中教学和分散学习的特点,结合不同阶段的家长成长要求进行开放式的课程教学,使家长结合自身特点,能够通过多种方式获得发展。

(三)构建老年教育的家长课程

相比于父母亲社会角色的复杂化,家庭内祖辈亲属回归家庭恰好解放了其社会角色的多元化,在家长职业的实践上具有更大的现实条件。一方面,随着人类年均寿命的不断延长,老年人从社会劳动者的角色上退回家庭,年龄并不能完全代表其生理上的变化,从退休到衰老的时间段内,仍具有实施教育的生理条件。这个条件恰好弥补了父母进入社会职业角色后家庭生活上的缺失。另一方面,老年人的经验优势,以及角色解放后的纯粹心理特征是参与儿童活动的积极因素,能够更好地促进儿童的发展。同时,祖辈的家庭角色是家庭道德文化的具体象征,是家庭道德实践中的重要主体。但由于隔代的关系,在社会背景的时间间距较大,对培养儿童的时代要求理解不足,以及家庭关系中的祖孙交往范式异化,致使老年人在参与家庭教育中,极易偏离教育理念,产生溺爱纵容、观念滞后、重养轻育等消极影响。故而,构建老年教育系统课程,既充分满足了老年生活的现实需求,又将老年人的优势教育因素调动起来贯彻到家庭教育实践中,从而促进家庭教育的有效开展。老年学研究指出,老龄群体具有可支配时间宽裕、学习兴趣浓厚等独特特点,结合当前人类平均寿命来看,退休的祖辈仍是极大的家庭人力资本,老年教育具有人力资源开发的重要作用,是提升老年人力资源水平的重要渠道。老年人充分利用闲暇的时间参与到家庭教育的课程学习中,可有效将习得的理论知识转递给家庭其他成员,扩大家长教育的意义。当然,基于祖辈家长而进行的课程设计,要充分立足于祖辈家长的家庭角色,培育其对家庭教育的角色意识,发挥其作为父母亲角色的补充作用而不是替代作用。同时,课程要结合传统优秀的家庭教育理念和现代化的育人观,帮助老年人结合时代背景理解家庭教育的含义,充分发挥自我的角色作用,促进家庭教育和谐开展。

三、营造家长成长的社会氛围

家长作为能动的社会主体,其教育能力的发展提升,不仅依赖于外部主体的主动帮助,家长自身的内在发展也是促进家长知识与技能发展的关键。终身学习理论的提出为家长的自我发展提供了理论支持。终身学习的目的在于掌握更多的知识,以使家长适应社会的变化。原因有两点:一方面既有知识变革的速率加快,家长的知识系统不足以支持对教育活动的理解;另一方面是社会变革的空前剧烈,促使家长和子女的生活背景差异巨大。家长应围绕儿童与环境的相互作用,形成感性认识、自我意象,并参与到进一步的学习过程中,这样才能保证家庭教育的理念与社会同步。学习型家庭是终身学习的具体场域类型,强调以家庭为单位的学习实践,构建了家庭的学习合力,在促进家长自身发展的同时,运用榜样示范、环境陶冶等方式带动家庭成员的学习活动,形成良性的家庭教育影响。同时,强调家庭自身的内部构建,包括家庭的物理环境构建、学习材料资源的准备、学习意识的形成和学习驱动等有利于学习行为产生的条件创设。这些条件的创设,形成了家庭教育的生成机制,形成家庭成员之间相互促进的发展推力,是家长自我发展的有效保障。故而,创设家长自我成长的教育系统,通过公共资源对学习型家庭进行资源补给,使学习型家庭成为推动家长教育系统发展的动力。

家庭的道德教育任务决定了家庭道德文化的重要性,这种道德文化的产生,既是家庭教育的驱动力量,也是家庭教育的重要依据。中华民族文化中的丰富道德文化,是民族精神的重要内涵,它蕴含了社会生活的交往意识和个人崇高的人格修养。这种从家庭发展起来的道德文化,依赖于家庭道德关系的不断交往,形成家庭伦理的意识形态。然而传统意识形态的解体,连带着分解了蕴含在传统观念中的道德文化。家庭伦理道德是社会公德文化的重要基石,它既是家长用来指导子女形成社会意识的有效工具,又是家长自我成长教育的具体规范,因此创设家长自我发展的学习系统,一方面,要立足民族文化的精神内核,学习传统家庭教育文化的优秀经典理念,结合社会主义现代化的时代精神,构建符合新时代家庭伦理规范的家庭交往范式;另一方面,社会要积极鼓励发掘家庭文化,探析以家为系统传承的内在精神财富,从中挖掘优秀家风家训文化,构建独特的道德文明、精神文化,形成符合时代特征的家庭文化,促进家庭教育观念的革新。

高等院校和研究机构要加强家庭教育的理论和实践研究,深入研究家庭教育的系统生成逻辑,结合时代的特征和要求,将家庭教育的理论进行时代化、可操作化的加工和组织,并构建家庭文化的传播平台,将研究的成果通过平台进行传播,促使家长能够获得针对性、适用性的教育认识。同时,对中小学、社区家庭教育指导中心成员进行联动,开展多样化的研究实践,有针对性地解决家庭教育中的现实问题,并培养专业的家庭指导人员,有效促进家长学校的职能发挥,最终形成新的与时俱进的家庭教育理念。

第三章　五育并举视野下提升学校教育

随着社会工业化的快速发展,学校在人才培养方面的作用更加凸显。正是学校教育的正规化和系统化,家长对学校在教育方面的权威性高度认可,并且在子女的家庭教育中也透露出对学校教育的肯定,表示学校有较强的实力和能力帮助和支持家长对子女的教育。本章就对五育并举视野下提升学校教育的相关内容展开分析。

第一节　学校教育的相关内涵

一、学校教育的内涵

教育从一般意义来说,是一种培养人的社会活动。首先如果从狭义的层面分析,教育仅指学校教育,而广义的教育还包括学校以外的教育活动。综上分析,可将学校教育理解为由专门机构承担,由专职人员有组织、有系统、有目的地展开的社会活动。此类社会活动的根本目的是对入学者的身心发展产生影响。从这一层面分析,可将学校教育理解为制度化教育。[①]

二、学校教育的运行特点

学校教育、社会教育和家庭教育是三种不同的教育形态,具有各自的特点。对比其他教育活动,学校教育活动呈现出组织性、目的性、系统

---

① 叶澜. 教育学原理[M]. 北京:人民教育出版社,2007.

性、专门化等特点。① 概括起来主要有如下两个方面。

(一)教育内容的系统性

为了培养全面发展的社会主义人才,学校教育的内容是在各级教育专家和一线教育工作者,根据学生发展的特点和社会的需要而进行编排和设计的,所以在设置上特别注重教育内容的内在连续性和系统性。然而,家庭教育和社会教育在内容上往往呈现出片段性、随机性、随意性。学校教育一方面要强调系统化的知识,同时又必须充分考虑儿童认知发展规律,所以整体上呈现出完整性的教育内容。

(二)教育组织的严密性

学校教育是一种施加教育影响的活动,在此种活动中受教育者是基于明确的目的、计划、组织所展开的,因此呈现出显著的计划性、目的性。同时,此种教育又呈现出制度化的特点,所以学校教育具有严密的组织结构和制度。学校内设有各级各类的职能部门和领导岗位来组织教育教学,如教务处、教科处;也有专门的学生处、团委负责学生活动;其组织机构主要有文体活动处、总务处等,此外还涉及教育教学制度。显然,这些都是家庭教育所没有的。

第二节 学校教育的内容及原则

一、学校教育的内容

学校教育是与社会教育相对的概念,专指受教育者在各类学校内所接受的各种教育活动,是教育制度的重要组成部分。一般来说,学校教育包括初等教育、中等教育和高等教育。

---

① 刘艳. 有效发挥家庭教育社会支持系统中学校的作用——以安徽省阜阳市第九中学为例[D]. 昆明:云南师范大学,2020.

第三章　五育并举视野下提升学校教育

(一) 初等教育

小学低年级：教育和引导学生热爱中国共产党、热爱祖国、热爱人民，爱亲敬长、爱集体、爱家乡，初步了解生活中的自然、社会常识和有关祖国的知识，保护环境，爱惜资源，养成基本的文明行为习惯，形成自信向上、诚实勇敢、有责任心等良好品质。

小学中高年级：教育和引导学生热爱中国共产党、热爱祖国、热爱人民，了解家乡发展变化和国家历史常识，了解中华优秀传统文化和党的光荣革命传统，理解日常生活的道德规范和文明礼貌，初步形成规则意识和民主法治观念，养成良好生活和行为习惯，具备保护生态环境的意识，形成诚实守信、友爱宽容、自尊自律、乐观向上等良好品质。

(二) 中等教育

这是在初等教育基础上继续实施的中等普通教育和专业教育，这种教育在整个学校教育体系中有承上启下的重要作用。实施中等教育的学校为各类中等学校，普通中学为其中主要部分，担负着为高一级学校输送各类合格新生以及为国家建设培养劳动后备力量的双重任务。中等专业学校，包括中等技术学校、中等师范学校，担负着为国民经济部门培养中等专业技术人员的任务。各类中等学校的办学情况直接影响着一国教育建设和劳动力的培养质量，影响着国家各方面的发展和巩固，因此日益引起世界各国的重视。我国中等教育普通中学学制 6 年，初中 3 年，高中 3 年，对学生实行全面的普通文化科学知识技能教育。中等专业学校招收初中毕业生，按国家需要实施农、工、交通、技术、卫生、财贸等专业技术教育，技工学校培养技术工人。

初中学段：教育和引导学生热爱中国共产党、热爱祖国、热爱人民，认同中华文化，继承革命传统，弘扬民族精神，理解基本的社会规范和道德规范，树立规则意识、法治观念，培养公民意识，掌握促进身心健康发展的途径和方法，养成热爱劳动、自主自立、意志坚强的生活态度，形成尊重他人、乐于助人、善于合作、勇于创新等良好品质。

高中学段：教育和引导学生热爱中国共产党、热爱祖国、热爱人民，拥护中国特色社会主义道路，弘扬民族精神，增强民族自尊心、自信心和自豪感，增强公民意识、社会责任感和民主法治观念，学习运用马克思主义基本观点和方法观察问题、分析问题和解决问题,学会正确选择人生发展道路的相关知识,具备自主、自立、自强的态度和能力,初步形成正确的世界观、人生观和价值观。

(三)高等教育

高等教育是建立在中等教育之上的各种专业教育。

二、学校教育的原则

(一)以人为本原则

教育理念是每一个人对教育的不同方面的不同看法,是对教育本质、教育特征和教育现象的一种理解和认知。它会影响到日常学校的教学管理,影响到每一位教师的教学行为。因此,正确的教学管理理念是教学管理的灵魂。而当前学校在教学管理过程中过分强调监督与控制学校内的师生,管理的核心依旧停留在"轻人""重分"和"重物"的层面上。由于我国教育的持续改革与深化,传统的学校教育管理理念已经很难适应当下的教育与学校的发展。以此观之,重构科学合理的教学管理理念是提升学校竞争力的必然路径。

教育的基本价值取向和核心理念是"以人为本",目标是让学生全面而个性地发展。一所学校教学管理方面的理念与学校的发展息息相关,也决定了教学过程中各个方面的细节。所以,为了更好地促进学校教学管理的优化,减少教学管理过程中的盲目性和经验性,实现教学品质的提升,促进学校、教师、学生的共同发展,学校的首要任务是要对陈旧的教学管理理念进行改变,将"以人为本"教学管理理念浸润到日常管理行为之中。具体而言,学校教学管理者要关注学生的全面发展和个性发展以及教师的专业成长,同时注重对教师和学生主体性的培养,提高教师教和学生学的积极性,充分唤醒教师和学生的主体意识,让他们能够积极地参与到学校各种教育教学活动中去。

(二)互动性原则

在强调学生学习的同时也强调教师的学习。教师激励学生去主动认识事物,使学生在认识的过程中不断产生和提出新问题,之后教师在学生认识的基础上创设情境,继续激发学生探索,这是一种相互作用的双向学习过程,使教师和学生在教学中共同获得发展。

第三节 五育并举视野下塑造特色化学校教育的路径

一、变革学校教学管理组织形式

由于学校教学管理组织是一个多内容、多层次的统一体,其活动受到多因素的影响。因此,学校教学组织形式的创新、教学机制的健全、教学秩序的加强、教学过程管理的优化和教学质量的提高,都需要一个优秀的教学管理组织去执行和实现。随着新课程改革的逐渐深入,结合我国传统学校教务处存在的问题,依据"以人为中心"和"以组织为中心"的组织变革理论,本节主要从教学管理组织的结构、人员、职责和管理系统四个方面进行探讨。

(一)结构扁平化

随着信息技术在学校中广泛而深入的应用,扁平化的学校管理组织结构已成为当今学校组织结构变更的必然趋势。它是指学校通过破除自上而下的垂直结构,减少管理层次,增加管理幅度,裁减冗员而建立的一种扁平式横向组织。扁平化组织的特点主要是围绕工作流程而不是以部门职能来设计组织结构,通过简化纵向管理层级,减少中间管理者,将学校资源和权力向基层倾斜等。

教务处作为学校管理的重要职能部门,其未来变革的重要趋势便是组织结构的日益扁平化。为适应新课程改革的需要,学校可以尝试弱化教务处的职责功能,甚至撤销原有的教务处,将原教务处的功能直接下放到年级组,或者将教务处与其他职能部门及其功能合并与调整,其目的都是减少组织层级,优化层级结构,使教学管理组织变得更加灵活便捷,富有柔性和创造性,更加突出系统和层次的简化、管理幅度的增加与分权。扁平化的结构组织更加机动、灵活,任务清晰,目标明确。学校教务处组织结构的扁平化不仅有利于教学管理工作人员加强沟通、交流与融合,将个人工作与部门整体工作紧密结合起来,以集中智慧和力量攻坚克难、解决问题;还有利于促进不同部门之间的信息沟通和相互配合,避免出现直线—职能结构中部门之间彼此脱节甚至扯皮的现象,加强教学管理部门与教研组、年级组及其他职能部门之间的横向联系,保障教务处能做到工作下沉、靠前指挥,更好地发挥其职责效能。

(二)人员专业化

随着教师专业化研究的深入开展和教学改革对教师专业的更高要求,教师将日渐成为一个专业性更强的职业。教务处作为对教师教学行为与活动进行指导的机构,对其工作人员的素质和能力的要求也越来越专业化。未来我国学校对教务处工作人员的要求除了一般的结构(数量结构、年龄结构、专业结构)合理之外,将越来越重视教务处人员的专业化水平,从而更好地发挥教务处在管理学校教学工作、促进教师专业成长中的重要作用。教学管理组织人员的专业化主要体现在知识专业化、能力专业化和人性化管理三个方面。

知识专业化方面,教务处工作人员除了掌握教育科学基础知识和教育管理等基本知识外,还应掌握与教务处工作相关的基本知识,主要包括全新的教育管理理念、先进的个人学习观和科学的教师评价相关知识。具体而言,一是用新的教育理念来加强教务处的建设。受我国传统教育管理理念的影响,教务处注重对教师的监督和管理,忽视了教师的主体意识及专业发展需要。为了更好地适应课程改革及教师专业发展的需要,教务处工作人员要不断掌握新的教育理念,用其来指导教学管理工作。二是用现代学习观来加强自身的学习。教务处工作人员要能够有效地指导教师教学工作,自身必须具备不断学习的意识和行为。因此,未来教务处工作人员要掌握更多的与个体学习相关的知识和方法,不断促进自身素质的提高,更好地从教学理论的指导和教学研究的引导等方面来做好教学管理工作。三是用科学的评价知识与方法对教师进行考核。过去关于教师的评价往往是运用终结性评价的方式,对教师进行"一刀切"式的评价,多强调评价的结果而忽视评价的科学性。作为帮

第三章　五育并举视野下提升学校教育

助和支持教师完成教学工作的教务处,其工作人员应该努力学习科学的评价方法,注重对教师的形成性评价,通过评价知识的增长来帮助教师提高教学技能和改进教学效果。

能力专业化方面,主要体现在对教师教学理论的指导、对教师教学研究的引导、对教师教学行为的督导以及对青年教师专业成长的培养和辅导四种能力上。教务处工作人员应具备指导本校全体教师的学习能力,包括各类教育教学政策法规、新课程标准、新课改精神及现代教育教学应用技术等,促进教师专业理论水平提升;教务处工作人员应具备引领学科教师以学生发展为导向、以课堂教学为主阵地、以教学内容为载体有效开展教科研活动的能力,促进教师教学科研水平提升;教务处工作人员也应具备正确督促和科学引导教师顺利完成教学任务、达成教学工作目标的专业能力,让教师的教育教学行为规范化、合理化和有效化;教务处工作人员还应具备对青年教师进行科学、有效辅导的专业技能,帮助新任教师更好地成长。

人性化管理方面,要求教务处对学校的教学管理工作采取人性化的管理方式,充分体现教务处的服务价值。所谓人性化管理,就是在整个教学管理过程中,教务处要高度重视教师和学生的人格尊严、价值追求和利益诉求,尽力为他们提供展示自我个性的舞台和机会,让校园充满浓郁的人情氛围,用真挚的情感激发教师的工作热情,促使他们实现自我价值的同时,促进学校的内涵发展和特色发展。实行人性化管理,具体表现为如下几点。一是满足教师的正当心理需求。比如,在新老教师结对活动中,为检验老教师对新教师的帮扶效果,以避免该项活动仅停留在表面而无实效,教务处应制订相应的帮扶考核奖惩方案,以促进青年教师快速成长,同时让资深教师的宝贵经验和有效做法得到传承和发展。二是建立容错机制。教务处在对教师的教学活动进行领导和管理的过程中,一方面应允许教师在工作中出错,另一方面也应让教师明白错误带来的危害,并引导他们学会怎么做结果才会更好。这样既宽容了教师,减轻了他们的心理负担,也有利于调动教师的工作积极性,让他们的工作目标更加明确,并愿意大胆开展工作。三是教务处应该秉持"领导就是服务,管理就是协调"的理念。一所优秀的学校不是单靠"管"管出来的,因为能"管"住的只是教师的身,却控制不了教师的心。因此,教务处人员在对学校教学工作实行科学管理的同时,还应摆正自己的位置,树立为他人服务的理念,既要主动处理好与本校其他教职工和行政人员的关系,也要积极沟通和协调好学校内部各职能部门的关系,让他们围绕学校工作的总体目标积极努力地高效工作。

(三)职责明确化

通过考察我国部分学校教务处的相关职能分工发现,现在学校对教务处的职责分工越来越明确。教务处主任的具体职责包括以下六种。一是协调。对各部门、各教研组、各年级、各班、各科教师进行协调,凝聚各种有利因素,形成合力。二是组织。做好师资培训、课时调整、计划制订、资料配置、教师会议、教学调研、教学活动及成果检验等组织工作。三是指导。对教育教学全过程有效地控制与引导。通过参与备课、听课、检查批改作业等,给教师提出建设性意见,用于改进教学。四是实施。实施关键性步骤,要求对课时计划、课程计划等的执行情况以及对教学活动全过程进行调控与督察,确保高效实施计划和高质量完成教学任务。五是考核。考核是过程和结果的检测手段,要公正、客观地对教师的绩效教学进行考核,对学生的学业成绩进行考核。六是评价。其包括教育系统动态测评、教学工作评估。评价应当具有诊断、激励、导向作用。

从目前很多学校对教学管理部门职能界定可以看出,明确的职责分工将成为我国学校教务处变革的一个重要趋势。今后的教务处及其工作人员将有着更为明确的职责分工,教学主任与普通的教务人员分别承担不同的职责。今后,教务处为了高效地管理学校教学事务,教务处工作人员也将更加注重在分工基础上的团队合作。教学管理是一项非常复杂而系统的工作,对其进行分工是工作有效开展的前提和基础,教学管理人员只有明确各自的工作职责才能有效地开展各自的教学工作。但与此同时,教务处作为一个学校整体性教学组织,需要所有教务工作人员加强团结协作。

(四)系统信息化

随着全球计算机技术、网络技术的飞速发展和教育思想、教育理念的进一步现代化,教育领域中引进计算机技术并广泛运用于教育的各个方面已成为必然趋势。因此,教务处管理系统的信息化也理所当然地成为我国学校教务处变革的重要趋势。现代社会是信息社会,现代学校正处于环境纷繁复杂、信息资源丰富的大环境之中,如果缺少信息化建设而进行封闭式管理是很难满足学校和社会发展的需要的。作为具体负责学校教学管理工作的教务处更应该重视学校教学管理系统的信息化建设。完整的教学信息管理系统,既能够及时清晰地反映学校教学的各个环节及其过程、状态,又能够科学地预测教学管理工作今后的发展动态。教学改革给学校教学管理提出了新的更高要求。为做好教学管理工作,首先,教务处成员应经常深入学校教师和各类教学教研活动之中,及时获取第一手信息资料,保证各类教学信息的完整性和真实性;其次,教务处应建立顺畅的信息沟通机制,及时发现教学过程中出现的问题和状况,广泛征求师生的合理化意见和建议;最后,教务处应建立高效的教学信息分析系统,对各类教学信息进行及时的分析和整理,以作为领导层决策及教师教学改进的重要参考依据。除此之外,教务处还可以建立一个专门的网络系统,及时将各种教学相关信息进行公布,同时设立教师留言处,及时回复和解决教师的各种诉求和问题,将一些教育教学管理的新成果、新方法及时制作成各类直观材料发布在网络系统上,供全校师生参考和学习。

二、改革学校课程组织形式

为满足不同类型、不同层次学生发展的具体需求,我国课程改革新方案对学校的课程提出了新的要求,这些都需要各学校课程组织进行有效落实。基于学校本位的发展理论,主张以人为本和以学校现实问题为导向,推进学校不断变革发展,结合上文的现状分析,笔者对我国学校课程组织建设提出以下思路。

(一)机构设置合理化

从组织职能角度来看,普通学校课程组织职能有课程领导、课程研发、课程指导咨询、课程评价、课程管理与资源支撑等职能。理论上,可以依据职能分类法来设置学校课程相应的组织机构。关于这些组织的命名,目前官方与学术界尚无统一规定,由各学校根据本校的办学思想和培养目标自主命名。

1. 课程领导组织

学校领导组织一般称为课程领导小组或课程领导委员会(课程委员会)。课程领导小组一般由校长、教学副校长、教学主任、年级组长、教研组长、学科骨干等人员组成。一般而言,许多学校课程领导小组构成是封闭性的,主要由学校内部人员构成,优点是便于协商、易达成共识,但最大的缺点就是易于受个人与团队的限制。因此,在当今开放社会,学校课程领导小组在成员结构上的变革趋势是突破学校局限,把专家、家长代表、社区代表纳入其中,使领导小组构成呈现异质化、丰富性的特征,从而开阔眼界与思路,拓展课程建设资源。学校课程领导小组的主要职责有:确定学校课程建设(变革)的价值取向、目标与原则,规划学校课程建设框架,设计课程建设的组织机构与运营机制,配备课程建设的人力资源、为课程建设与改革提供制度保障等。其中,在规划学校课程建设框架方面,很重要的就是根据国家与地方课程改革精神、学校育人目标、办学目标与办学理念,整合的资源条件,对学校课程结构进行整体建设,从而塑造学校育人模式特色。

在学校课程领导小组中,组长一般由校长兼任。因此,校长的课程领导力直接影响学校课程建设的方向与水平。校长课程领导力主要包括课程规划力、课程指导力、课程资源开发力、课程文化引导力等方面。其中,课程规划力是指校长不仅是国家课程、地方课程的执行者,更是学校课程建设的规划者,要对国家与地方课程体系进行校本化改造,对学校课程体系进行整体的顶层设计,这种对学校课程体系的整体顶层设计能力就是学校课程规划力;课程指导力是指校长要能够指导学校课程建设的方向、构建课程结构等,这是校长课程改革领导力的专业引领要素,影响着学校课程建设的水准;课程资源开发力是指校长要有课程开发资源的能力,这是校长课程领导力的执行要素,是学校实施新课程的资源基础;课程文化引导力是校长课程领导力的精神引领要素,影响着学校实施课程改革的核心价值观,因为学校的课程改革最终会走向学校文化的重构,校长要能够在课程中审视学校原有文化,进行学校文化价值引领。

第三章　五育并举视野下提升学校教育

2. 课程专家指导组织

学校课程专家指导组织一般称课程专家委员会，属于课程建设咨询与指导组织，一般由学校外部的课程专家、学科专家与学校内部的优秀教师组成，主要职责是对学校课程建设过程进行指导，解决课程研发中的标准、流程、内容及其结构、课程实施评估等问题，直接影响课程研发的质量。在没有专门的课程评审委员会的学校，学校课程专家委员会还兼有审议与评审学校课程的职责。

课程研发与实施是一项专业性极强的工作，直接影响学校育人质量，因此为了提升课程研发的系统性、科学性、可行性，除了需要提升本校课程研发人员的研发能力外，还需要借助组织力量进行研发过程的指导与评审。因此，成立课程专家指导组织机构非常重要。成立之后，学校要善于进行机制建设，确保课程专家指导委员会发挥作用。

3. 课程研发组织

课程研发组织没有统一的官方与学术名称，往往由各学校根据本校的情况对课程研发组织进行命名，有称课程研究院或课程研究所的，也有直接称为课程部的，但一般叫课程研发中心。其主要职责是组织相关人员，建立相关机制，进行学校课程研发。它是学校课程组织中的中间层与执行层，是学校课程建设的"作战部队"。

针对每一门具体的课程研发，各学校可以成立具体的课程研发团队，也称为课程负责人项目组，具体负责本门课程的研发。课程项目研发小组主要以本校骨干教师或优秀教师为主，适当聘请学校外部优秀的一线教师或者专家参与。也可以与来自其他兄弟学校的对课程研发感兴趣的教师成立课程联合开发小组，共同对某一课程进行开发，这样可更好地实现资源共享、智慧共享。

4. 课程评审组织

有的学校没有设立专门的独立的课程评估组织，其职责有的归于课程领导组织，有的归于课程专家指导组织，也有的归于课程研发组织，还有的归于教学管理部门。但也有不少学校独立出来，有的叫课程评审委员会，有的叫课程评审中心。其主要职责是对课程开发、课程实施进行评估,并提出改进建议。

一般而言,学校课程评审组织职责包括:评审选修课的价值和意义,确定课程是否符合学校的培养目标、办学特色和学生需求;审查选修课程的目标和内容,确保课程的教学纲要和教材的科学性、时代性,为学生提供多样性、多层次的选修课程;深化开设选修课程的社会机构的资质,确保社会机构符合国家相关规定,依法办学、优化教育;指导学校教务处评估教研组及教师开发、开设选修课程的情况,指导学校教务处和教研组提高教师开发、开设选修课的能力,评选精品选修课。

5. 课程服务组织

无论是课程研发,还是课程实施,都需要组织层面的资源支持与管理,因此需要设计这方面的组织机构。有的学校依然把这方面的职责归于教务处或后勤处,有的学校则是单独成立课程资源中心、课程管理中心。是单独成立组织机构,还是整合现有组织机构,需要学校根据本校实际综合考虑而定。

概言之,在进行具体的课程组织机构设计时,各学校可以根据本校的办学思想目标、学校整体发展战略以及所能整合的课程资源,按照课程组织职能的要求设置适合本校实际的课程组织机构。

(二)组织设计科学化

从课程组织职能角度进行组织机构设计,提供了一种组织机构设计的理论视角与实践视角。但在实践中,针对到底要设计哪些机构以及这些机构的结构关系、课程组织在整体学校组织中的结构关系等问题需要系统思考。

1. 注重课程组织机构自身内在结构的合理性

在进行课程组织机构设计时,还要考虑其自身内在的结构问题。学校课程组织结构分为课程领导层、课程中间层、课程执行层、课程管理支持层和课程技术支持层。其中,课程领导层是学校课程领导组织,如学校课程委员会或课程领导小组;课程中间层指学校课程研发组织,如课程研发中心;课程执行层指具体的课程研发团队,如学校艺术特色课程开发小组;课程管理支持层包括学校课程管理组织和课程资源组织,如

第三章 五育并举视野下提升学校教育

课程管理中心、课程信息资源中心；课程技术支持层包括课程咨询与指导组织、课程评估组织、学分认定组织、学生选课指导组织等，如学校课程专家委员会、课程评估中心、学分认定委员会、学生选课指导中心等。

这种组织结构具有两个显著特征：一是层级结构扁平化，这样既有利于课程组织之间的有效沟通，也有利于将学校课程领导层的思想直接传递给各课程研发小组；二是作为专业性组织，课程研发组织和研发团队直接接受学校课程委员会（或课程领导小组）的领导，在各个专业性组织的支持下开展研发工作，其专业性与学术性得以充分体现。而且，在这样的学校课程组织结构中，不少学校还较注重开放性建设，整合学校外部的专家与基地等资源，突破本校人力与物力资源的局限性。

运用分析性思维，采取职能分解的方式进行设计的课程组织机构，虽然职责明确，但因组织分工过细、层次较多，易导致组织成员力量不集中，出现各行其是的状态。因此，实际工作中，在对课程组织机构进行设计时，还需要运用整体性思维，将相关职能进行整合后置于同一组织机构中，以简化组织机构。例如，可以将课程支持性组织的咨询、指导、评价与审定功能融入学校课程委员会，不需设立单独的课程专家指导小组和课程评审小组（中心）；又如，可以把课程管理和课程资源等支持性职能整合到课程管理中心，不单设课程管理支持组织；再如，可以将课程中间层、执行层、技术和管理支持层的课程研发、管理、资源与技术支持等职能进行整合，设立课程中心或课程研究院承担相关职能。

面对新课程改革，很多学校对课程组织建设不做整体规划和系统思考，往往采取"加法思维"的方式，如在学校现有组织机构的基础上增设课程委员会、课程资源部的"机构加法"思维，或在教务处现有职责的基础上增加课程建设职责的"职责加法"等，这种简单"加法思维"的结果是学校组织机构增加、职能重叠、人浮于事，工作相互推诿、效率低下、缺乏专业性等。鉴于此，在对学校课程组织机构进行整体性设计时，另一个的视角就是以课程建设为中心，对学校传统的中层组织进行体系化整体重建，促进学校组织整体优化，以凸显学校课程组织的学术性、组织成员的专业性、组织管理的互动性和组织运行的高效性。

2. 凸显课程组织在学校整体组织结构中的学术性

课程组织是一个专业性相对较强的学术性组织。因此，在进行课程组织结构设计时，要充分考虑课程组织在学校整体组织结构的地位，亦即课程组织在学校是具有一定"行政级别"的学术性组织。例如，北京广渠中学的课程部就是其学校三个中层组织（另外两个为资源部、学生部）之一，是一个兼具学术性、具有一定"行政级别"的组织机构。而在有的学校是作为没有行政级别的学术性组织，如北京市十一学校的课程研究院就是一个没有行政级别的学术性组织。如何考虑课程组织在学校整体组织结构中的地位需要各学校结合本校实际情况确定，但总体应该注重其学术性功效的发挥。

（三）组织建设制度化

课程组织制度化是指课程组织运行机制的程序化和规范化，课程组织制度化建设即建立健全完善的合理制度体系。制度化是组织规范化发展的重要保障，单凭文化引领组织，很难发展强大与久远。因此，学校要保障课程建设，单纯建立相关组织机构远远不够，还需要建立相关的规章制度，保障组织的有效运行，从而更好地推动学校课程建设。

课程管理制度包括：课程开发、审定、开设和运行评价制度，学生选课、选修课教学管理和学业评价制度，教师教学管理和教学绩效考核制度，教师参与选修课程建设和校本研修管理制度，校外选修课程资源的利用与学分管理制度，课程资源利用管理制度（如专用教室管理制度），课程组织管理规定（如课程领导小组规定、课程专家委员会规定、学分认定委员会规定、课程开发领导小组规定等管理办法），课程组织运行的制度建设等。

在课程组织制度化建设过程中，应注意以下原则。

首先，课程组织管理制度要注意可操作性。由于课程改革提出许多新的要求，对于这些要求学校层面如何操作，要有较为详细的规定，这样才能起到具体的指导、规范、引领作用。比如，新课程改革强调研究性学习，但很多教师与管理者根本不知道如何开展研究性学习，这就需要学校制定相关管理办法来发挥指导、规范与引领作用。

其次，课程组织管理制度要注意激励性。学校课程建设是一项具有挑战性的变革，参与者要投入更多的时间、精力，要承担改革的风险与压力。因此，在制定课程组织管理制度时要注意激励性，鼓励学校教职工进行课程变革实践探索。

第三章　五育并举视野下提升学校教育

再次,课程管理制度与学校其他管理制度的协调性。学校工作具有整体性,任何一个新的规章制度的出台都需要学校其他制度的协同互补。

最后,任何组织变革都是在一定价值取向指导下进行的,课程组织管理制度旨在体现学校价值追求。

总之,伴随着新一轮课程改革的深入推进,各学校应该从顶层探索学校课程组织体系建设问题,这种顶层探索既包括对课程组织的整体构建,也包括建立有助于这些课程组织良性运行的内部机构与机制。

第四章　五育并举视野下的家校共育研究

伴随着教育改革的不断深化,青少年教育的相关问题逐渐增多,如何提升教学质量、保障青少年教育水平已经成为社会的焦点话题。学校和家庭作为学生最为熟悉、影响最大的两个环境因素,对青少年成长教育过程来说,都是必不可少的重要环节,只有将二者联系起来,彼此相互合作,形成"家校共育"的模式,才能营造和谐的育人环境,促进学生的全面发展。本章就对五育并举视野下家校共育的相关问题展开研究。

第一节　家校合作的概念界定

一、家校合作的内涵

关于家校合作的基本内涵,相关的教育学术研究文献对其做出了如下具体描述:家校合作的主要含义是指学生的家庭与学校以良好的人际沟通以及稳定的关系为合作基础,相互密切配合,合力教书育人,使得每一名孩子都能接受到一种分别来自两个不同方面的教育合力,从而实现全面发展。在家校合作中,家庭与学校各自的地位是平等的,家庭和学校是彼此的合作伙伴,在对孩子(学生)教育的过程中进行合作。家庭和学校在合作过程中发挥各自的优势,弥补自身的局限性。在家校合作的过程中,家庭需要学校的指导,学校需要家庭的支持和配合。家校合作同时是一个家庭与学校双向互动的过程,家庭与学校在互动的过程中各

第四章　五育并举视野下的家校共育研究

取所需,共同的目的是助力孩子(学生)的全面发展。[①]

通过对家校合作的基本内涵进行梳理和表述,作者对家校合作的基本内涵做出以下界定:以帮助学生实现全面、和谐的发展为目标,家庭和学校作为家校合作双方的两个主体,在教育的过程中家庭为学校提供支持、学校为家庭提供指导的双向互动。

二、家校合作的类型

(一)按家校合作中家长扮演的角色分类

兰根布伦纳和索恩伯格按照参与家校合作活动中家长所扮演的角色,将家校合作分为以下三种类型。[②]

(1)家长是学校的支持者,并在家校合作活动中扮演学习者角色。家长为学校各项教育工作的开展提供支持,并在家校合作的活动过程中获得学校方面的指导。

(2)家长是家校合作活动的参与者。家长参与家校合作活动,并为其提供包括物资、场地以及人力等各种支持。

(3)家长是家校合作的决策者、执行者、监督者。家校合作相关工作的开展以及活动的组织都由家长来决策,并由家长进行执行和监督。

(二)按家校合作开展的目的分类

美国学者戴维斯按照家校合作开展的目的,将家校合作分为以下四种类型。[③]

(1)为了解决仅靠学校单方面无法解决的问题而开展的家校合作。这种家校合作的类型比较常见的是学校的教师或者班主任邀请学生家长到学校来讨论如何解决问题。

(2)为了帮助家长了解孩子的在校情况,并对家长进行教育方面的

[①] 岳瑛.基础教育新理念——家校合作[J].外国中小学教育,2002(2).
[②] 林沛楠.家校合作视角下小学生语文素养的现状及培养对策研究[D].漳州:闽南师范大学,2021.
[③] 罗伟娟.关于家校沟通内容和形式的研究[D].上海:华东师范大学,2006.

指导。这种家校合作的类型比较常见的是学校设置开放日,家长可以自由参观学校,旁听孩子上课,或者学校面向家长开设教育相关理论知识的讲座。

(3)为了获取丰富的教育资源。学校由于种种条件的限制,能为学生提供的教育资源肯定是有限的。而学生家长分布于社会中各种各样的工作岗位中,能为学校提供其所没有的丰富教育资源。

(4)为了提高家长参与教育的热情。受到传统观念的影响,部分家长将教育的责任完全交给了学校,对孩子的教育关注度不足。然而在实际的教育过程中,学生的教育离不开家长的参与,如部分学校会开展趣味性的亲子教育活动,通过活动的形式来提高家长在教育中的参与度。

三、家庭教育与学校教育二者的关系

家长与教师进行合作,不仅能提升学生的在校学习能力,更能使学生的家庭教育更加科学、高效。学校和家庭作为两个重要的因素陪伴着孩子成长,互相合作,互为补充,共同培养孩子成长成才。随着社会的发展,对于儿童的教育理念和方法也在持续进步,因此有必要不断推动家庭教育和学校教育的合作与携手同行。

(一)家庭教育对孩子成长起着关键作用

家庭教育是一切教育的开始,在教育孩子的过程中如果方法不当,将对孩子的未来造成直接影响。在我国教学环境和考试制度的影响下,多数家长还是以考试成绩为重,缺乏对孩子心理健康和兴趣培养的关注,甚至不惜成本地购买"学区房",或将孩子送到校外的补课机构,社会上也因此衍生出了"幼小衔接班""小升初"等不健康的教育现象。这种只依靠外部教育来实现孩子的全面发展是不科学的。

儿童的身心发展、智力增长、生活技能、兴趣爱好与能力都会在家庭教育中获得熏陶与启迪。学生的思想较为单纯,但有极强的模仿能力,他们对父母强烈的依赖和细致的观察决定了"身教重于言教"。学生在不同的家庭感受着不一样的教育,最终形成不同的生活方式和行为习惯。马克思曾指出,"孩子的发展能力取决于父母的发展",家长的素质直接影响着子女的教育水平。

(二)学校教育需要对学生家庭有充分的了解

学校教育是一种有计划、有步骤的过程化教育,在科学的教育方针的引领下,学校教育可以使学生逐步地获取成长所需的技能和知识。在学校学生可以接受系统、权威的知识,树立正确的政治思想。但因家庭条件及背景的原因,每名学生会表现出不同的个性,且在日常的教学中,每名学生的接受能力和学习思维也具有差异性的。因此,教师想要彻底地掌握学生的学习程度,不能只是在平时的课堂中观察,还要深入家庭中。在与家长的沟通合作中,可以真实地了解孩子在家里的情况,掌握他们在家的行为及特点,对不同的学生采用针对性的教育方法,确保每位学生的健康成长,因材施教,提高学校与家庭合作的效率与深度,只有学校教育和家庭教育形成教育合力,才能实现学生的全面发展。

第二节　关于家校合作的理论与实践研究

一、关于家校合作理论的研究

美国社会学家爱普斯坦的交叠影响阈理论认为,家校合作是学校与家庭合作,对孩子的教育和发展产生叠加影响的过程。可以看出,父母与学校在教育儿童方面双方有着各自的任务。[1] 科尔曼的社会资本理论指出,通过加强学校、家庭之间的联系和沟通,增加社会资本,可增强教育效果,促进学生的发展。[2] 北美传统的家庭与学校合作模式包括六种类型,分别是育儿、沟通、志愿服务、在家学习、决策以及与社区的合作。以上可以看出,家庭和学校在合作中相对独立却又相互重叠,家长和学校对学生的成长教育不仅有着独立的教育角色,还可以通过互动交流增加教育效果。国内对于家校合作的研究颇为广泛,但是尚未形成被

---

[1] 李思琦.小学家校合作的现状及策略研究[D].沈阳:沈阳师范大学,2021.
[2] 同上.

普遍认可的定义。有的学者认为,家庭教育和学校教育应形成一个既相互合作配合,又各有职责分工的协调互补关系。

我国学者黄河清提出了家庭教育和学校教育应处于平等地位,家庭教育的亲密沟通特性是学校这种"公共教育"无法比拟的,学校教育无论怎样发展也无法取代家庭教育的地位和环境。同理,学校教育的阶段性、针对性、系统性、专业性也决定了它在教育体系中的重要作用,尤其是学校这一公共场所对学生"契约精神"的养成具有特殊作用。[1]

从以上理论可知,家庭和学校发挥各自的作用,双方地位平等、目标一致,可以看出家长和学校对于学生教育的重要性。若家庭和学校频繁进行高质量的沟通和互动,在不同的场景中儿童接受一致信息即受到交叠影响,则有助于孩子的成长。

二、关于家校合作制度的研究

为了明确规定家长参与学校教育的权利和义务,西方发达国家纷纷出台并不断完善相关政策法规。美国政府率先在《美国中小学教育法案》中提出家长必须陪伴孩子学习,陪伴他们成长,这使家庭教育首次被写入教育法中。继美国后,一些发达国家先后颁布关于家校合作制度的法案,英国政府在法案中规定:"国家赋予家长自由选择学校的权利,学校的课程必须告知家长。"[2]法国政府在《教育指导法》中提出:"家长是学校教育的首要参与者,教师必须与家长保持联系,同时家长享有教育的知情权和发言权。"[3]上述规定表明了国外对于家校合作的重视程度,家长在家校合作中受法律支持,给予了家长更多权利,强调对弱势群体家庭教育的重视,不管哪一阶层的家长都应当努力参与教育,让各个阶层的孩子都能享有教育。

我国的教育工作一直非常重视家校合作,并且有着明确的政策导向,先后颁布的《中共中央关于改革和加强中小学德育工作的通知》《关于培育和践行社会主义核心价值观　进一步加强中小学德育工作的几点意见》等文件重点强调了要将家庭教育与学校教育紧密结合,充分发

---

[1] 黄河清. 家校合作导论[M]. 上海:华东师范大学出版社,2008.
[2] 李思琦. 小学家校合作的现状及策略研究[D]. 沈阳:沈阳师范大学,2021.
[3] 同上.

挥家庭教育在少年成长过程中的重要作用。[①] 鼓励学校建立家长委员会，引导家长参与学校管理和监督。从上述政策文件中可以看出，中国从20世纪80年代开始对家校合作展开探索并不断深入，政府对家庭教育和学校教育两方面共同培养青少年是有长远规划的，通过各种层面促进家长与教师的合作。

第三节 家校合作中存在的问题及归因分析

一、家校合作中存在的问题分析

目前的家校合作与传统教育相比，已经取得了较大的进步，但随着时代的发展，家校合作也处于动态的发展过程中，通过调查发现，家校合作开展过程中依然存在较大的问题，主要表现为合作主体双方对自己角色定位的不准确以及合作内容、形式狭隘且单一，再加上没有明确的教育制度给予指导与制约，导致家校合作常常失去方向。

（一）家校双方合作认知差异明显

1. 教师在合作中未明确自身定位

作为家校合作的主体，家长和教师对于合作的正确认识决定了家校合作的成效，传统的教育往往将教师定位为主要教育者，家长仅起到辅助作用，并且这种辅助作用一般多体现在生活功能上。新时代的家校合作有了新的主张，最关键一点是要将教师和家长定位为同等作用，但大部分家长和教师都曾接受过传统教育的培养，因此对于家校合作的认识存在较大偏差。

教师在家校合作中起着桥梁和纽带的作用，通过策划、组织、参加家

[①] 李璐．小学家校合作的问题与对策——以武汉市××小学为例[D]．武汉：华中师范大学，2015．

校合作,用自身态度、素养影响着家长态度,其角色定位直接影响家校合作的效果。在教学上,教师具有更丰富的知识储备和更专业的学习指导能力。在管理上,教师具有更加科学的方法和理性的思考。然而,正是由于这种专业性,教师在家校合作的开展过程中经常会将自己的定位由"引导者"变为"主宰者"。

家校合作过程中教师的角色定位应该是从引导家长配合到改变家长教育理念,提升家长育儿方式方法,再到最后双方形成互馈机制,形成合力。而当前教师对自己的角色定位却是"我主宰,你崇拜",在学生面前具有崇高的地位,在家长面前也常常表现出权威性,在教育过程中将自身定位凌驾于家长之上,不利于双方开展良好的沟通,家校合作也会因此而受阻。

2. 家长未认清家庭教育的重要性

在家校合作过程中,家庭教育和学校教育应处于完全平等的地位,然而由于受教育程度的不同以及没有接受过专业的培训,家长们往往将学校教育误当成学生教育工作的全部内容,将学校教育和家庭教育完全割裂,认为学校教育负责孩子的知识传递、思想道德培养,而家庭教育负责孩子的生活,保障后勤工作,因此并没有意识到家庭教育的重要性。

大多数家长认为在教育孩子的过程中,教师具有绝对的专业性,也应该担负起教育学生的全部责任,过多的家庭教育反而会弄巧成拙,再加上教育理念的不一致以及教师没有及时准确地进行引导,家长在教育过程中往往会呈现一种"教师都是对的,一切听从教师指挥"的观念,认为家庭教育应该服从学校教育。同时,一些家长不会主动与教师就孩子的情况进行沟通,一方面,部分家长在教育管理中欠缺经验,且受传统教育观念的影响较深,希望给予教师绝对的教育权,不愿过多干扰;另一方面,部分家长或因表达能力不足,或因碍于面子不敢打扰教师,或因担心影响教师的工作,给教师留下不好的印象。

总而言之,大部分家长未对家校合作形成正确认知,在合作中将自己定位为"旁观者"与"倾听者",无法全身心投入家校合作中,尽管主观上意识到自己在家校合作的权利与义务,但与实际行动严重不符,家庭教育的重要性没有完全体现,家校合作也无法真正形成合力。家长对家

第四章　五育并举视野下的家校共育研究

庭教育乃至家校合作的认知影响着家长在合作全过程的角色和发挥的功效,在合作中没有彻底认清家长和家庭教育的功效,导致家校合作沦为了一句口号,在实际教育过程中仍然只由学校教育承担,这显然不利于学生的成长。

(二)家校合作内容未普及全面

1. 教师未与家长全面沟通

家校合作内容应该是多方面、立体化的全方位合作,一方面,教师应与家长充分交流教育理念,对教育过程中出现的困惑及时解答,教师在合作内容方面往往可以做到注重学生的全面成长,也会向家长推荐相关的教育方法,但这种教育方法的指导基本上采用的是灌输式的传递,对于家长而言,不具备实用性和针对性,教师缺乏针对每名学生个体进行合作的能力;另一方面,应通过组织开展班级的一系列活动补充合作内容,但通过调查发现,大部分教师在活动开展之前并不会与家长交流活动方案,甚至完全以自己需求为主开展相应活动,导致家长只能被动地参与。同时,在活动结束后大部分教师不会进行规划与总结,导致活动质量不能得到有效提升。

2. 家长片面参与家校合作

处于小学阶段的儿童,是形成高尚的品格和养成良好的性格习惯的重要阶段,但受到"学而优则仕"的传统观念的影响,大部分家长眼中最重要的就是提高孩子的成绩。

大部分家长与教师的沟通较为局限,将学习成绩作为沟通交流的主要着力点。大部分家长在育儿过程中遇到疑惑很少主动向教师请教,片面地将问题归结于学生或者家长自身能力不足,然后采用粗暴的解决方式,效果不尽如人意。这意味着很大一部分家长在家校合作的学习方面可以有效地深入合作中,但在其他方面则有所保留地参与家校合作。同时,在参与学校活动后,有超过七成的家长不会与教师就活动所得进行交流。由此可见,家长把参与学校活动当作一种任务,参与后达到完成任务的效果即可,却完全忽视掉学校活动的重要意义,作为学校活动的主要参与者,家长的积极性极大程度上决定了学校活动的质量。

在教育过程中,学校教育与家庭教育相辅相成,因此家长有必要参与到学校教育中,为学校的教育教学提供宝贵的建议。尽管如此,仍然有大部分的家长认为自身学识、教育经验有所欠缺,无法提供相应的建议,而有限的家长心声也经常被学校遮蔽和湮没,家长委员会成员也并不能完全履行自己的职责,家长不能全面地参与到家校合作中,是家校合作开展过程中不可忽视的一个重要问题。

(三)家校双方合作方式单调

在分别对教师及家长在家校合作的沟通方式调查中均发现,家校合作的线下合作方式以家长会为主,线上以电话、微信等方式进行沟通,采用线上与线下相结合的方式,理论上可以满足双方沟通交流的需求,但在具体合作过程中,却存在较大问题。

首先,线下的家长会并没有成为双方互相沟通的平台,而是变成教师的"一言堂",教师在讲台上讲,家长在座位上被动地听,导致气氛沉闷且内容单调,即主要以学习成绩为主,家长很难了解到自己孩子在学校的全部真实情况,且由于时间有限,家长与教师之间、家长与家长之间很难做到教育理念上的交流学习,家长对于家长会的看法也是褒贬不一的。因此,家长会应告别传统教育中的"报告会",尽快完善更新,以促进家校合作的有效沟通。

随着网络的发展以及微信等交流平台的崛起,在家校合作交流沟通过程中,线上的交流方式将成为线下交流方式的重要补充。在对教师与家长的调查问卷与访谈中可知,双方都会选择使用微信以及电话的方式进行沟通。把学校的通知、班级的要求、反馈信息,甚至布置的作业等在群里发布,但很多家长在群内仅仅是机械性地回复"收到",在形式上虽方便了沟通,在沟通内容上却失去了深度,并没有深入挖掘线上沟通方式对于家校合作的重要意义。

(四)家校双方合作方向不明确

1. 学校未对家校合作提供制度保障

家校合作的学校教育中一般会在期中和期末考试后安排家长会活动,但对于类似"家长活动日"等活动却没有规划,随意性较大,学校

第四章 五育并举视野下的家校共育研究

临时将活动任务下达给班主任,在由班主任通知家长,尽管班主任尽力组织,但由于时间紧促,很难为活动拟定一个整体的、详细的计划。家长临时收到通知,思想上可能还没有做好准备,时间上更是有所冲突,一定程度上降低了教师和家长双方组织与参与活动的热情,效果适得其反。

学校在家校合作中没有起到领导作用,没有相应的制度保障,缺乏长远的规划,极大地影响着教师和家长对家校合作的信心和认可。同时,从学校的层面上表现出安排了活动就完成了任务的现象,并没有对活动的细节和结果进行深入的考察和研究,没有担负起学校应尽的责任。

为了保证教师具备家校合作中"引导者"的能力,学校应定期对教师进行提升家校合作能力的培训,以保证教师具备正确的教育理念、较强的沟通交流能力,改变传统教育中教师以自我为中心的合作观念,目前大部分学校只注重提升教师的教学水平和能力,没有把家校合作相关的培训放在同等地位,不能保证相关培训的定期开展,对教师的家校合作能力也没有一定的考核标准。在学校教育中常常有"公开课"等方式考核教师教学水平的标准,却没有"公开家长会"等方式考核教师家校合作能力的标准,缺乏学校制度的保障,给家校合作的开展造成了一定的难度。

2. 家校未对合作进行充分思考

对于教师的日常教学和家长的日常工作而言,反思、总结与规划都是提升教师能力的重要环节。作为家校合作的主体,教师和家长在合作过程中应不断思考如何更好地促进家庭与学校的合作,并做好家校合作活动的记录与交流反馈,但在对家长和教师的访谈记录中发现,教师和家长往往只能做到按部就班地完成各项活动任务,未对活动过程中出现的问题及时做出总结调整,导致传统教育中家校合作存在的问题在当今依然存在。

当前,家长不能做到提前对活动进行思考与策划,在互动后也不会进行反思与总结,家长参与活动的数量可以得到保证,但参与的质量却有所缺失。大多数教师在活动后不会对班级活动做出总结,再加上家长往往以"旁观者"的身份参加活动,在活动后常常保持沉默,不会为教育教学活动提供建议,导致教师并不能准确地捕捉活动中所出现的问题,不能及时进行调整,长此以往,家校合作中的问题便会逐渐放大。

二、家校合作存在问题的归因分析

(一)家校双方对合作认识不到位

1. 教师缺乏家校合作观念的指导

家校合作能否顺利开展,重点在于双方是否有一致的目标和共同的合作意向。在家校合作过程中,教师的教育能力和教育知识往往要优于家长,教师的合作态度起着主导作用,能够左右家校合作的前进方向。如果教师的合作意愿较低,思想上往往排斥与家长合作,有自我封闭的心理状态,无法认同家长的意见,轻视家校合作。部分教师由于教学任务较重,将全部精力放在了在校教学上,并未清晰地认识到家庭教育的意义和地位,更谈不上主动开展。有些家长文化程度不高,又不能提供有效帮助,对于自己而言与家长沟通属于无用之功,反而降低工作效率,影响自己的考核评级,这种心态使得家校合作难以进行下去。即使偶尔开展合作活动,也只是流于表面,零散的沟通起不到实质效果。教师虽然自身有更强的教育水平,但无法对每名学生都做到深入了解,如不从家长处尽快收集学生的细微变化,势必影响教育效果,甚至降低家长的信任度。

2. 家长缺少家校合作理念的深化

尽管大部分家长每学期能够按时参与家长会、家长开放日之类的活动,但实际上内心对于家校合作的理念并不了解,仅仅是带着"学校要求,我们配合"的心态,更倾向于服从而非合作,沟通也是时断时续。家长在家校合作中扮演着"旁观者"或"听众"的角色,主观上不愿发表意见或提出建议。家长通常认为入学后教育工作应完全交给学校,缺乏合作教育的意识,不知道参与学校事务既是自己的权利,也是义务,不重视甚至逃避教育孩子。即便参与了合作,主要目的也是放在如何提升孩子的

第四章 五育并举视野下的家校共育研究

成绩上,这种合作意图也是片面的,没有完全理解家校合作对孩子的心理健康、行为习惯等方面的作用。部分家长有能力且有意愿参与到合作当中,但又由于每个家庭的环境不同,家庭教育的特殊化和个性化使得家长的想法难以融入学校教育这种大众教育之中,只好以被动身份参与一般性事件,提供部分资源性支持,心态上低于教师,这对家校合作本身也是不利的。

(二)家校双方未健全合作内容

1. 教师与家长的沟通存在滞后性

家校合作的本质是教师与家长之间相互配合补充,因为处于成长阶段的学生,心理、生理状态变化极快,不同阶段也会产生不同的问题,教师与家长能否及时沟通就成了影响合作效果的关键因素。但实际操作时,这种随时沟通却显得困难重重。首先家长和教师的时间冲突明显,家长有自己的工作和日常事务,根本无法与教师保持步调一致。而一名教师通常要面对班级中几十名学生,与每名学生的家长都保持密切交流更是分身乏术。这种时间上的错位迫使教师通常会将某些问题暂时搁置,直到特定的时机,如家长会等场合集中拿出与家长探讨,这就导致双方信息均有滞后性,以至于某些问题积重难返,对学生的发展影响更加不利。

2. 家长了解学生状况存在片面性

学生的发展存在不同方面和不同阶段,无论是学校教育还是家庭教育,最终目的都是实现学生的全面发展。现在的学生存在的心理问题很大程度上是由于家庭教育方式方法不科学造成的。大多数家长对于学生的学习型投资毫不吝啬,认为学习成绩决定了孩子的人生走向,长期以来却产生了片面重视成绩、忽略心理健康和行为习惯的态度。素质教育的口号宣传多年却收效甚微,家长仍然以分数来判断教育的成效,这无疑是不合理的。轻视对心理健康和行为习惯的培养,根源往往在于很多家长过于自信的心态。每个人自出生以来最亲近的人莫过于家人,所以很多家长会下意识产生"我很了解自己孩子"的想法,这也是很多教师向家长反映学生的某些不良倾向时,家长十分诧异以至于首先质疑起教师,认为自己的孩子不可能这样。如果自己的孩子学习成绩一直较好,家长更会产生其他方面无所谓的态度。当前社会的高速发展和无形的社会压力,给家长的失衡培养提供了充分的土壤,哪怕是课余时间的安排,也倾向于让学生参加知识性活动而非情感类活动,使家长对学生的了解更加片面和极端。

(三)家校双方缺乏合作教育的新方式

1. 学校缺乏计划方案造成合作松散

由于受应试教育观念的影响,学校一方将绝大部分精力放在了"提升成绩"的目标之上,认为家校间的互动合作并不能带来直接的成绩提升,因此开展一些家校合作的活动也是敷衍了事,缺乏长远建设。例如,家长会这种最传统、最普遍的家校沟通模式,如今也随着即时通信的发展而逐渐变少,看似方便了随时沟通,但这种临时性、随机性强的沟通方式并非长久之计。而且即使在这仅有的少数几种家校合作形式中,也无法实施有连续性的计划,教师往往是有问题时联系家长,单方面发起沟通,家长才能够参与进来,这种沟通既没有分层次的、科学合理的计划,每学期的重要活动缺少记录和总结,也没有固定的时间节点去规划目标,延续性不足。这种临时性的沟通虽然能够解决暂时问题,但无法解决整体性问题。

一个科学合理的计划是工作顺利进行的保障,由于没有计划,也就把握不好方向,家校合作自然屡屡受挫。学生的每个阶段都需要不同的教育内容和教育方式,而非一蹴而就,不同类型的学生也需要制订不同的计划,有针对地培养。缺乏计划性的家校合作难以达到成效,各阶段的不连贯使得工作不能前后呼应和完善,这种教育的断层对学生成长不利,没有目标的教育也无法让家长和学生产生主动性。

2. 家长教育能力不足导致合作低效

在家庭教育方面,一部分家长采取放任自流的方式,对孩子的日常生活不管不问,学习状态、心理状态不甚清楚,完全依赖学校和教师。另有一部分家长则简单粗暴,动辄打骂,搞"一言堂",不尊重孩子的个性和自由,导致家长与孩子的关系十分紧张,孩子缺乏信任。大部分家长处于矛盾状态,心中有着教育孩子成才的强烈愿望,但实际上又缺乏合理

第四章　五育并举视野下的家校共育研究

的教育方法和足够的教育能力,盲目跟风,不考虑孩子的实际情况,结果不仅没有产生正面效果,还严重危害了孩子的心理健康,这些都对家校合作共育造成阻碍。

学校大部分时间充当的是"学生的教育者",很难有机会对家长的教育能力进行培训,而家长也难以产生主动学习的意识,缺乏相关能力的家长也就无法真正与学校形成密切配合。一些家长认为自身文化水平较低,不懂教育,干脆全部依附教师,学校组织的活动能躲就躲,即使偶尔和教师有所配合,也是单纯地顺从和依附教师的想法,毫无主动性和创造性,无法达到理想效果。而一些心态激进的家长则完全相反,对教育知识和相关法规制度认识不足,却对学校的日常工作加以干涉,严重影响正常教学秩序,导致"合作"适得其反。

(四)家校双方受到合作客观因素制约

1. 学校没有明确的家校合作制度支持

我国以公立教育为教育系统主体,公立教育的最大优势即是强有力的教育行政部门会适时予以指导和补充,但即使是行政部门,也并未对家校合作共育进行过足够的制度建设,从观念普及、知识教育、工作指导等方面提供支持。相关规定多处于纲要阶段,强调家校合作的重要性、家长配合学校的义务,但实施细则几乎没有,家校合作如何开展的问题没有解决。学校和家长即使有心建立合作平台、开展活动,也缺乏指导方针,更没有相应的法律法规,只好在摸索中前进,困难时有发生。有些学校所搞活动花样百出,但形式大于内容,并非真正意义上的家校合作。上层没有足够的制度建设,也就缺乏坚实基础,家校合作无法系统开展,极大地影响教育效果。

与"如何开展"相对应,"如何考核"的制度同样是空白,对学校来说,从行政部门的考核中拿到更高评价才是工作目标,而家校合作的开展水平不在考核范围内,自然也就不会花费精力。同样学校也不会将教师与家长的沟通效果作为教师的考核标准,家校合作有时甚至不在常规工作流程当中。家长委员会作为家校合作的主要平台,本身却权责不清,缺乏保障,本应以家长的利益为核心,成为发声渠道,却没有制度上的明确规定,家长委员会正常行使职能没有实质性的保障,全靠学校方面的态度。这种制度缺失对于家校合作的缺陷是致命的,靠家长和学校的自觉,无法真正建立起可持续性的合作。

2. 家长受工作时间与经济条件限制

家校合作中长期困扰家长的难点在于,上班工作和生活琐事占去了家长的大多数时间。通过调查可知,一部分家长对于家庭教育有着充分的理解,对于参与学校活动有着相当高的积极性,但学校安排的活动时间往往与工作时间存在冲突,整日忙于工作的家长无法抽出时间到场参加,"工作繁忙无法请假"之类的理由一向是家长无法参加的常见答复。有些学校会为此专门发送邀请函,以便家长能用更正式的理由向单位请假,但很多用人单位对此也并不接受,这种来源于社会企业的不理解也令学校无能为力。

家庭的生活条件尤其是经济条件,也决定了家长能在孩子的教育上有多少投入,尤其是经济收入偏低的家庭,家长偶尔离开工作岗位就会影响家庭生活,疲于生计的家长只能减少对孩子的时间和精力投入,如果学校活动还另有开销,就更不愿意将精力花费在学校活动上。经济条件较好的家长往往在学校和教师面前展示的愿望更强,会主动提供各种资源上的支持。而生活拮据的家长往往带有一定程度的自卑心理,认为暴露家庭条件的不足会影响教师对自家孩子的态度,害怕出现在学校与教师交流,这种无奈的现实制约着许多家长的行动。

第四节 五育并举视野下家校合作育人的策略与建议

一、深化教师与家长的合作认知,强化合作教育能力

(一)增强教师在学校教育层面的能力

作为教师管理机构,学校管理层需要培养教师对家校合作的行为能

力,提升合作教育的情感认知。

首先,要对教育观念进行更新换代,不再一味地以课程教学为主,要加强学生的性格教育与品德教育,从而更好地与家庭教育衔接。

其次,学校要将家校合作作为教师的必修课,并建立课程考核制度,进行量化管理,从制度上守住底线。例如,开展"最受家长欢迎教师"评选活动,教师互相听课活动等激发教师的工作动力。

再次,将第三方平台作为辅助,可利用发展心理学、教育心理学等专业书籍进行专题教育,观看高校关于儿童发展、家庭教育等方面的网课,组织实训,联合同类同级学校开展交流座谈会,让教师了解学生成长的特点,以及学生在不同阶段的心理变化,进而转变教师的教育观念,增强教师对家校合作的理解。提高教育能力,不仅能对学生成长认识更具体,而且能够更准确地与家长沟通,沟通内容也更加广泛,使教师在家校合作中能够做到有的放矢。

最后,学校不仅要培养教师在家校合作中的能力,也要积极靠拢家庭教育。在合作中,一方面,教师要发挥出自己的职业能力,认识到自己的角色定位,认清教师作为教育的主体位置,全身心投入家校合作中;另一方面,通过与家长的沟通,掌握学生的思想动态,以便可以做出最优决策,科学合理地酝酿合作方案,更好地解决学生的问题,也符合因材施教的方针。教师在家校合作中发挥引领性作用,占据主要地位,指引并且推进家校合作的进程,并产生良性循环,从而唤起教师在家校合作中的主动性和积极性。

(二)提升家长在家庭教育层面的信心

家校双方皆将教育高素质学生、促进学生身心健康发展作为合作的终极目标,如果教师与家长"相互信任""相互坦诚",双方就可以形成良性互动。在家校合作方面,我认为最重要的就是建立学生、教师、家长三方的信任,时间空间上的冲突可以通过技术解决,而信任问题才是真正阻隔三者的根源。家长由于传统观念以及受自身教育能力不足的影响,过度将责任赋予教师,导致在家庭教育中无法形成正确的教育方式,对家校合作心存疑虑。因此,要提升家长的信心,重视家长的地位,对家校合作给予充分的认可。

首先,学校应在家庭教育的重要性上给予家长充分的肯定,让家长明确家庭教育对学生的重要性以及家长的重要地位,给予家长足够的尊重。在沟通中,让家长主动提出意见与建议,在教育方向和教育主旨上达成一致。

其次,家长要对家校合作有准确的认知,深入了解家校合作的内涵,将支持配合学校教育转变到参加协助管理这一层面上来。

最后,家长要摒弃以往存在的附和教师管理的状态,清醒地认识到合作的重要性,提高积极性,主动为学校和教师提供学生信息,乃至便于合作的条件和策略,为合作展开提供有力支持,平衡教师单方面输出的压力,时刻保持着家长的积极性,紧密联系当前家校合作的态势,并不断增强家长在合作中的信心。家长在家校合作中具有强大的保障力,脱离家庭的教育会使教师的作用显得疲软,甚至会出现偏差,无法形成合力。因此,做好学生在学校与家庭中的衔接,家长任重道远,需要家长树立起坚强信心,积极配合学校教育,了解家校合作的深远意义,体现出家庭教育的作用,贡献自己的对策,支撑家校合作的长远规划。

二、拓宽家校合作内容,挖掘合作教育资源

(一)以教师为中心提高沟通效率

家校合作主要的途径之一就是沟通,通过家长与教师的沟通,建立起传递信息和交换意见的桥梁,良好的沟通意味着双方以彼此尊重为前提。教师应该抱着一颗相互尊重的心,能够用平等的态度面对与家长的交流,而不是把自己放在"权威"的位置。

首先,家校双方要做到换位思考,学校要以家长的角度去思考学生的成长,充分考虑到家长在教育中的困境;家长也要体谅教师的辛苦,理解教师同时管理大量不同性格的学生的压力,为教师分担责任,主动倾听,认真聆听,在沟通中为教师分担压力。

其次,采取多样化的沟通方式,教师可到学生家中与家长沟通,在全家人的面前细致深入地了解学生情况,放下教师的头衔,融入学生家庭中去,以家庭中一员的角色捕获学生的内心情感,获取家长的真实意见。通过这种方式教师增加与家长的交流,并且可以对学生家庭有深入的了解。

第四章　五育并举视野下的家校共育研究

最后,学校要积极维护教师的权益,强调教师的责任,定期开展与教师的谈心谈话,了解教师在家校合作中的态度转变和心理变化,并提供可行性的沟通方案和技巧,为其解决在家庭信息上的围墙提供科学沟通的决策,扩大沟通范围,提高沟通效率。以教师为中心,充分发挥教师的力量,运用丰富的语言艺术,以及强大的沟通能力,以提高沟通效率为第一目标,让家校合作的内容在沟通中越拓越宽。同时,教师作为沟通的发起点,能够决定沟通的基本走向,渲染沟通氛围,能够发挥引领作用,带动家长进行沟通互动。

(二)以家长为中心挖掘潜在资源

要充分挖掘家长的专业优势和教育特长,为学校教育教学活动提供支持。学生家庭社会资本对子女教育过程产生的影响往往也是与其文化资本、经济资本等其他资源的影响分不开的。每一个家庭都有独一无二的潜在教育资源。教师在做好沟通的基础上,积极深入家长群体中,发掘获取不同类型的家长存在的教育资源,利用其性格特点、家庭环境、家族观念等优势,应用到对学生的家庭教育中,并能够有针对性地借鉴,促进家长对家校合作的建设。

首先,可通过挑选具有一定教育能力的家长作为带头人,发挥领头羊的作用,利用自己的经历和经验,带动其他家长,成为家长群体中的师资力量。家长来自不同的社会领域,拥有不同的知识储备,教育观念略有差异,他们可以按照各自的资源优势,发扬自身的特长,参与到学校教育中来。其次,可聘请家长作为志愿者为学生服务。家长来自各行各业,熟知自己的工作领域。例如,在主题班会中展示自己职业特点,介绍自己所经历的教育案例,拓宽学生和家长们的视野,分享大量优秀的教育资源。最后,可以通过家长的社会资源来补充教学中的不足。每个家庭都是一种无形的社会资源,可利用家长的教育理念,取精弃糟,完善教育教学,以此推动产生家校合作新办法、新内容,来加深对教育的理解。

发掘家庭中的潜能,通过教师在家庭资源中的积极发现,能够将各方的资源进行整合,在广泛的社会背景下,凝聚多重社会力量,让家庭的力量更加突出,不断扩充家校合作内容,使家长做到全员参与,使其能够发挥最大的效应。

(三)以学生为中心培养健全品质

使学生全面发展是教育界永恒的任务。面临着学生在学校出现的新问题、新情况,不能把耽误学习当作唯一要去解决的问题,教师及家长应该从学生生活、学习、课上、课下等多个方面及时找出问题,共同分析并提出对策,紧紧围绕着学生的成长教育,坚定不移为之寻找解决办法。

一是家校要注重培养学生的生活习惯。家校合作为学生的成长而存在,学生是家校合作的绝对核心。在家庭中,家长要鼓励学生主动承担力所能及的家务劳动,面对困难时优先自己解决,培养对事物亲力亲为的实践意识,学会关心与感恩。教师在学校内培养学生遵守规章制度,学会思考,激发学生对学习的探索力,有针对性地进行教育管理。

二是要注重学生心理健康,抓好学生德育工作。如今大多学生的思想不成熟,未形成自己的世界观、人生观、价值观,无论在学校还是家庭中容易受挫,容易与父母和同龄人发生争吵。尤其在校园中,学生对人际关系处理得较为简单易变,因此教师要时刻注意学生在课下的反常举动,将与学生谈心纳入常规工作计划之中,密切关注学生心理状态,积极尝试与学生面对面谈心,使其心理得到健康发展。

教师和家长要肯在生活习惯和心理健康上下功夫,在学生校内外生活中相互配合、相互支持、相互理解,找到有利于学生综合素质发展的正确道路,培养学生优秀的性格品质,找到学生校内外、课堂内外的心理变化与习惯养成,促进家校合作,为学生打造优质方案。

三、创新家校合作方式,丰富合作教育活动

(一)构建家校合作组织

任何事物的顺利开展都需要在具体的计划指引下进行,学校作为权威的教育机构,需要对家校合作有计划、有组织地构思,通过学校的整体规划建构符合学校发展道路和学生成长建设的合作模式。

一方面,学校需要设计出科学合理的家校合作评议制度及评议组织,保障家校合作体系平稳运行,实现校内外协同工作与良性互动。学校要重点分析影响家校合作的学校、家庭两方面因素。学校内部方面,

第四章　五育并举视野下的家校共育研究

以坐班听课、巡查听课、网络听课等不同方式考察教师的工作态度和工作能力。在常规工作量基本持平的情况下,开展教师评议,还需整体考量学校的管理水平、办学定位、资源分布等影响制度建立的关键因素。在家庭方面,主要分析家庭的环境、家长的社会资源和对家庭教育的态度。思考出组织家校合作活动的推动力和阻碍点,立足于本校实际发展情况和组织规模,制定出切实可行的家校合作评议制度和评议组织,推动家校合作有序开展;确保每次活动能得到家长的积极配合,将举办家校活动的过程翔实地记录下来,形成教育档案,将活动成果进行集体评价与总结,不断积累经验,为后续活动提供凭证和情报价值。

另一方面,设立家长委员会,挑选有教育背景、优秀教育资源和教育能力的家长作为代表,发挥应有的作用。学校赋予家长委员会更多权力,与家委会成员保持有效沟通,通过家长委员会让家长同样以"教育主体"的身份参与学校教育管理,提出自己的见解,使家长成为与教师平等的"教育资源"之一。家长参加学校治理会直接或间接地影响学校的构成、运作和规则,对学生的发展和成长起到重要的作用。

有了组织上的约束和督促,学校和教师都会更加认真、踏实、创新地做好本职工作。在管理机制中家长和教师能够找准定位,明确职责,互相监督,家长能够以身作则,教师的职业责任感更加强烈,共同发挥出组织的凝聚力,迸发出更多的家校合作教育的力量与活力。

(二)开展专题家长培训

家长在教育孩子过程中需要具备一定的教育技能,由于文化背景和家庭环境不同,在成长经历中关于家庭教育的经验更加参差不齐,这就需要多种途径对家长进行专业的指导,让家长积极参与到家校合作中来。

一是要使家长树立正确的教育理念,明确培训的意义,确立培训的目标,改变"走过场"的思想观念,将培训作为教育理念转变的第一步,让合作的起点更加牢固,纠正"只抓成绩"的传统理念,在合作之初即建立紧密的联系,在思想意识上达成初步一致,并相互纠正教育偏差,促进家长更新教育理念,也帮助教师提供家庭信息,在相互了解中为家长树立正确教育理念。

二是提升家长教育水平,充分发挥教师的专业能力,由教师向家长传授正确的教育方法,提升其教育能力,弥补家庭教育中家长教育能力不足的弊端,在培训中不断熏陶家长的教育方式,丰富家长在家庭教育中的知识储备。学校要积极承担起引导家长学习的责任,通过诸如家庭教育咨询中心、家长专题讲座等形式,系统提升家长的教育知识、能力与意识。教师的角色也将更加丰富,不仅教育学生,也间接提高家长的家庭教育能力。

三是促进家长融入家校合作中,在培训中切身体会、感知学校的教育氛围,体验学生的教育环境,激发出家长的教育潜力,为家校合作提供有建设性的意见。同时,在接受培训的过程中,能够了解不同家庭的教育方式,了解到更多的家长如何在文化背景不尽相同的环境中教育孩子。

通过有效的培训,拉近学校、教师和家长三方面的关系,保障家校间的密切联系,让家校合作在沟通中愈加进步,让知识交流更加通畅,让教育互动更加频繁。同时,高质量的培训更让家长充分认可家校合作。

四、建立家校合作规划,完善合作教育平台

(一)健全合作规范标准,建立合作管理方案

学校在教师与家长关系的维系中扮演什么样的角色,是中立的工作平台、消极的参与方,还是积极的倡导者、组织者,取决于依托什么样的教育机制进行指引。促进家校合作的顺利开展,在源头上需要坚强的后盾保障,学校的领导班子和家校合作管理机构应及时弥补本校在合作方案上的漏洞,建立健全家校合作标准,规范家校合作的具体计划以及合作事项的规范标准,给教师和家长吃下定心丸,让其敢于合作、愿意合作,并且有保障、有依靠、有目的地对学生加以管理。

一是提倡从长短期家校合作计划上进行规划,应明确界定家庭与学校在家校合作中的职责,将家庭、学校中所蕴含的不同教育力量应用到合作中来。学校的领导者则需要增强对家校合作和家庭教育的重视,保证中小学可以按照整体计划有序进行。学校根据自身属性,研究更具特色、更符合现实的标准,推进家校合作的制度化和规范化,促进学校与家庭之间的合作在正确的轨道上运行。

二是加大资金投入。例如,对家校合作进行扩大宣传,发挥舆论导向

第四章　五育并举视野下的家校共育研究

作用,让更多的人将家校合作融入日常生活中,让更多的家长和教师耳濡目染;还可以通过物质激励的形式,表彰和奖励具有突出贡献和优异成绩的个人或团队,使家校合作具备一种职业荣誉感,更能激发家长与教师的工作热情与动力。有了具体的规划和方案,能使家校合作有抓手,能够使双方更加明确自身的责任,使教育任务更加明确,在不同困境面前能够处理得更加得心应手,在合作过程中能够更加坚定,更加接近家校合作的最终目标。

(二)搭建网络平台,依托互联网传递信息

在信息化时代,学校可以依靠网络平台,创新家校合作模式,将学校的办学理念、学生的成长历程等通过网络的途径传递给家长,便于家长及时了解孩子的成长,进而配合学校教育制订科学合理的家庭教育计划。

首先,学校可以通过专门的宣传部门,以学校及班级两个层次,创建具有班级特色的公众号,班级微信公众号是家校合作的一种混合式通道的新应用。在学校的整体宣传背景下,建立起班级内部的文化体系,让每名学生都参与其中,表现不同学生的闪光点,将班级和学生的信息传达给家长。在保证隐私的前提下,关注学校及班级的动态以及每位学生的情况,一方面便于学校进行宏观调控,合理管理不同年级、不同班级,也促进教师教育活力的迸发;另一方面,家长在公众号上能够将自己孩子与其他孩子形成对比,将自己孩子的问题更加具体化、可视化,便于解决自己孩子的困难,也提高了家长与教师的沟通效率,营造家校合作双赢的局面。

其次,可以创建学校官方网站,设立以家校合作为核心的板块,并以此为重点,进行排版设计。在网站中能够浏览到家校合作的政策、内容、反馈等信息,充分发挥文字材料、图片、影像、音频等不同载体的特点,应用到家校合作的全过程以及合作效果中去,营造浓厚的家校合作氛围。只有符合时代发展的方向,才能使家校合作走得更长远。无论是家校合作的发起者,还是管理者,乃至实践者都必须紧跟潮流,在信息化的浪潮中找到家校合作的切入点,并充分作用至合作中。因此,选择网络平台作为家校合作的首选载体,顺应了教师与家长的生活工作体系,灵活地传达合作信息,促进了家校合作迈上新的台阶。

五、实施《家庭教育促进法》,推进合作育人机制

家校合作是个历久弥新的话题。构建良好的家校关系有助于发挥学校和家庭的教育合力,为学生的健康成长提供有力保障。2021年10月23日,《中华人民共和国家庭教育促进法》(以下简称《家庭教育促进法》)发布,并于2022年1月1日起施行。作为我国首部就家庭教育专门出台的法律,《家庭教育促进法》明确要求家庭教育不仅需要家庭负责、国家支持,还需要学校配合、社会协同,其出台必将带来学校和家庭关系的深刻变革。在此背景下,深入分析把握近年来我国家校合作呈现的趋势以及面临的现实挑战,或将有助于我们更好地推动家校合作走向深入。

伴随"双减"政策的持续落地和《家庭教育促进法》的出台,开展家校合作已经不是学校"愿不愿""能不能"的问题,而是如何"做得好"的问题。面对现实挑战,相关主体亟须在社会主义核心价值观指导下,在现代学校治理理念的指导下,以学校为主体,以地方政府和教育行政部门为主导,转变家校合作观念,优化工作策略,推进家校合作走向深入。

(一)秉持开放包容理念,充分满足家长知情权

学校作为推进家校合作的主体,要秉持开放包容的理念,采取科学有效的沟通方式,将学生在校学习生活情况、学校课程设置、重要活动安排、重大改革决策等信息及时传递给家长,充分满足家长的知情权,化解家长好奇、猜疑乃至小心窥视的心理。同时,有些学校除借助微信群、微信公众号等方式及时宣传解答家长关心的学校师资配备、课程建设、德育管理、发展前景等问题,还邀请自媒体平台定期报道学校的办学成果,从而赢得了家长更多的支持和信任。

(二)坚持互惠共赢原则,打造家校成长共同体

在强调终身学习的时代背景下,学校和家庭作为共同的育人主体,既要本着责任共担原则履行好各自义务,又要坚持互惠共赢理念实现共同成长。学校作为主导方,一方面要处理好与家长之间合作分工的关系,实现优势互补,协商制订家校共育行为准则,明确负面清单,避免责

任推诿。另一方面,学校要通过系统专业的培训提升教师尤其是班主任的家校合作理念、专业素养和沟通能力;通过多种途径提供家长有效的家庭教育指导,并适度兼顾普适性和个性化,以满足不同层次家长的需求。

(三)系统设计优化升级,不断提升家校合作实效

学校要继续完善家校合作组织,通过系统设计,提升家校合作的实效性。一方面,学校可以结合每学期乃至每学年的教学安排和工作重点以及当下的社会热点,整体策划相应的校级、年级、班级家校联系活动,并提前告知家长,以方便其提前做出安排;另一方面,要依据校情、学情和家长的变化及需求,对家校合作从内容和形式方面进行整合优化升级,打造家校合作特色品牌。

第五章　家校共育视野下开展青少年心理健康教育

随着时代的发展,教育中对青少年全面发展更为重视,而青少年心理健康发展受到越来越多的关注。青少年尚未进入社会,其心理健康教育主要由学校教育和家庭教育完成,因此本章就对家校共育视野下如何开展青少年心理健康教育进行研究。

第一节　心理健康教育的内涵

一、心理健康

1989年,世卫组织丰富了健康的定义,认为健康不仅是没有疾病,心理、道德健康等也是其重要的组成部分。心理健康是评价个体健康程度的重要指标。刘晓静认为,心理健康表现为个体对环境适应良好、人格特质相对稳定、心理功能良好的状态,表现为持续且积极发展的心理过程,并在一定程度上对身体健康产生影响。[1]

美国心理学家马斯洛和米特尔曼提出了心理健康十条标准,被公认为是"最经典的标准",其中适度的情绪表达与控制是重要标准之一,同样,学界对我国儿童少年提出的心理健康六大品质中,稳定的情绪也包含在内。[2]

---

[1] 刘晓静. 试论中青少年心理健康现状及对策研究[J]. 人力资源管理,2010(2).
[2] 潘惠丽. 健全青少年心理健康管理机制[J]. 民主,2021(9).

第五章　家校共育视野下开展青少年心理健康教育

二、心理健康教育

心理健康教育的总目标是:提高全体青少年的心理素质,培养他们积极乐观、健康向上的心理品质,充分开发他们的心理潜能,促进青少年身心和谐可持续发展,为他们健康成长和幸福生活奠定基础。[①]

心理健康教育课程作为心理健康教育的主要途径之一应以上述目标为方向,制订出符合国家要求又结合本校具体情况的目标。本书认为心理健康教育的目标是:树立青少年心理健康意识,培养青少年良好个性品质,帮助青少年解决心理问题,提高他们的社会适应能力,充分开发他们的心理潜能,促进青少年身心和谐可持续发展。

第二节　新时代开展青少年心理健康教育的内容

心理健康教育课程包括五大板块:目标专注、情绪控制、积极认知、家庭支持、人际协助。

一、目标专注

目标专注,指的是在困境中坚持目标、制订计划、集中精力解决问题。目标能为人的行动指明方向,还会激励人不断努力。设定目标能让青少年在成长过程中有明确的方向,并激发出他们的内在潜力,增强他们的动力,从而促进其发展。人的目标小到一次考试的分数排名,大到未来人生的规划。舒伯的职业生涯发展理论认为0至14岁属于人的成长阶段,这时的主要发展任务是发展自我形象,发展对工作世界的正确态度,并了解工作的含义。

[①] 李亚君.小学家校合作心理健康教育模式探析[J].教学与管理,2014(26).

二、情绪控制

青少年正处于心理发展的"疾风劲浪"时期。他们充满着各种心理矛盾,是独立性和依赖性、自觉性和幼稚性并存的时期。青少年情绪发展还不够成熟,情绪活动两极化比较明显。他们情绪多变,很容易被消极情绪困扰。若他们无法正确调节消极情绪,就易出现心理问题,给学习和生活造成很多不利影响。

三、积极认知

积极认知指的是对逆境的辩证看法和乐观态度,它不是一种短暂的情绪或信念,而是一个人的认知风格。积极认知有利于人们在逆境中保持乐观积极的情绪,坚持目标走出逆境。青少年的生理和心理正在急剧变化,由于他们的知识经验存在局限性,思维独立性和批判性处于萌芽阶段,神经系统的调节能力也较差,容易受到外界影响,如果青少年没有积极认知,遇到挫折时很容易沮丧泄气,也容易产生低自尊。

四、家庭支持

青少年进入青春期后自主性提高,对父母的依恋逐渐减少,对同伴的依恋逐渐增加。他们希望获得足够的独立和自由,因此在与父母相处时会反驳父母,以争取自主权。同时,他们也不再像小时候那样崇拜父母,对父母直接情感支持的依赖越来越少。因为孩子的改变较迅速,而父母对孩子的变化还未能适应,所以很容易产生亲子冲突。大量研究表明,良好的家庭支持对青少年的心理健康起重要作用。因此,改善青少年与父母的亲子关系能增强他们的心理弹性。

五、人际协助

青少年社会化的关键之一是建立良好的人际关系。正值青春期的青少年,面临日渐复杂的亲子关系、同伴关系、师生关系。青少年的自我意识逐渐高涨,表现出独立与依赖、开放与封闭、成熟与幼稚并存的矛盾性和过渡性。在这样的心理发展规律下,他们的社交水平明显下降,还会出现各种各样的人际冲突和矛盾。有研究发现,人际交往中的矛盾是青少年所有矛盾中最令他们痛苦的矛盾。因此,帮助青少年提高人际交往能力,改善他们的人际关系是非常必要的。

第三节　家校共育视野下开展青少年心理健康教育的意义

一、是新时代教育发展的必然趋势

许多学校和教师对青少年心理健康的重视程度远远不及学习成绩,成绩至上已成为教师们的通病。对学习好的学生百般骄纵,对成绩不好的冷嘲热讽,这种现象容易滋生"好少年"的骄傲、虚荣心理和"坏少年"的自卑、逆反心理。这种陈旧观念对青少年的心理健康和茁壮成长是有害的。当下的各类时事热点中,青少年打架斗殴、口出脏话、沉迷网络、考试作弊、厌学等各种不良现象层出不穷,这与青少年存在不健康的心理有着密切关系。因此,加强青少年心理健康教育是新时代青少年教育的必然趋势。

二、是确保青少年全面发展、健康成长的时代需要

国家教委新颁布的德育大纲明确提出"德育即政治、思想、道德与心理健康教育"。青少年的可塑性很强,是接受教育的最佳时期。在此成长阶段,心理健康教育工作的展开可以为青少年营造健康的成长氛围,有利于青少年正确"三观"的建立,有助于培养他们形成尊老爱幼、乐于助人、勤俭节约、努力学习等优良品德。反之,不良的环境氛围容易在青少年心中埋下一颗黑暗的种子,日后可能发展为严重的心理疾病。因

此,我们必须认真积极地展开青少年心理健康教育工作,使青少年的身心健康得到有效促进。

三、有利于及时疏导孩子不良情绪

青少年承受着沉重的升学压力,业余时间充斥着各种各类补习班,学习氛围紧张,堆积着大量的作业,学生容易产生厌学、焦虑紧张、学习动力不足等负面情绪。我们应当针对不同的问题展开科学有序的心理辅导,及时疏导、化解青少年们不良的心理倾向。青少年心理健康教育体系的健全,可以为孩子提供寻求帮助的平台,让孩子们从小树立远大理想,明确学习目标。培养他们良好的心理素质,是他们奋发向上、全面健康成长的重要前提。

第四节　家校共育视野下开展青少年心理健康教育的建议与对策

一、深入落实青少年心理健康教育要求

学校是青少年心理健康教育的主阵地,必须把心理健康教育课程落地实效。建议做到"三统一""三纳入"。"三统一",即统一教材,由国家统一编写青少年心理健康教材,明确不同年级的心理健康教育内容;统一课时,将青少年心理健康课程列入国家或省定课程方案,规定必修课时;统一师资,建议国家部委制定心理教师配备标准,各地按标准配备并落实好相关待遇。[1]"三纳入",即把青少年心理健康教育纳入质量监测范畴,定期抽查心理健康教育课程实施情况;纳入对各级政府履行教育工作职责评价内容,督促市县政府落实国家和省的有关要求,重点是落实好师资、课程、经费等;纳入教育教学督导评估范畴,开展专项督导评估,加强对心理健康教育工作的过程性评估。

---

[1] 潘惠丽.健全青少年心理健康管理机制[J].民主,2021(9).

二、健全青少年心理健康筛查评估制度

一是建立统一筛查标准。建议国家层面根据不同学段,研究制定青少年分级分类的心理健康标准,规定学校每年定期开展青少年全员心理健康情况筛查评估,筛查评估工作,根据标准要求,由区域卫生机构和学校共同实施,建立档案,分级分类管理和指导。

二是创新筛查评估方式。国家按照标准,研究制定统一、分类的测试量表,可开发适用的 App 或网站,精准服务青少年心理健康筛查需求。同时,加强隐私保护和数据保密制度,确保青少年心理健康筛查数据安全。

三、建立青少年心理健康早期干预制度

有效的早期干预是减少心理致病率和心理安全事故的重要手段。

一是建议国家出台指导意见,各省市由卫健部门牵头,成立青少年心理健康公共服务机构,整合医疗机构、教育、社区等专业资源,以服务学校、青少年为重点,与学校形成固定关系,指导学校筛查评估工作,信息互联互通,为筛查出心理健康问题的青少年提供跟进服务,对心理问题严重的青少年,早干预、早治疗,减少致病率,将该机构纳入各地医疗公共服务体系,政府提供工作保障。

二是各级财政部门,设立青少年健康管理专项资金,纳入预算管理,专款专用。

四、进一步推进家校合力

一是社会和媒体要加强心理健康科普宣传,引导社会和家长树立科学的心理健康观念,营造友善的社会环境。

二是加强家校共育机制,办好家长学校。帮助家长树立正确的教育理念,摈弃急功近利的教育观,引导家长与学校形成育人共识;把青少年心理健康教育纳入家长培训的重要内容,帮助家长了解孩子的成长规律,掌握科学的教育方法;加强学校与家长的信息沟通,及时掌握青少年心理动态,及时引导,形成合力。

五、完善心理健康教育课程

(一)心理健康教育课程的教学原则

教学原则是指教育教学工作的基本要求和指导思想,心理健康教育课从设计到实施既有与其他学科相同之处又有所差别。在本书中,心理健康教育课程的教学原则包括:全面性原则、开放性原则、主体性原则、科学性原则、发展性原则、生活性原则和体验性原则。

1. 全面性原则

心理健康教育应坚持全面性和差异性相结合。教师要尊重青少年,平等对待每一名青少年,在设计课程和教学时要着眼于全体青少年,关注青少年的普遍性心理问题,也要根据不同青少年的特点和需要开展心理健康教育。

2. 开放性原则

良好的师生关系是教学顺利开展的基础,有利于促进青少年的学习,实现教学相长。在心理健康教育课上,教师要尊重每一位青少年的人格、价值、自我选择的权利,也要真诚地对待每一位青少年,做到表里如一、言行如一、前后如一。同时,还要提升自己的共情能力,要设身处地地从青少年的角度看问题,体察他们的感受。除师生关系外,生与生的关系也值得重视。教师可通过课堂规则帮助青少年建立良好的生生关系。因此,教师在进行教学时应与青少年建立"真诚开放、乐于分享、积极倾听、保守秘密"的课堂契约,让师生共同营造一个温暖、包容、信任、开放的课堂环境。

3. 主体性原则

心理健康教育应从青少年的立场出发,把青少年作为教育主体,把促进青少年的个性发展作为目标,一切行动以青少年为中心。以青少年为主体就是"一切为了青少年,为了青少年的一切,为了一切青少年"。

第五章 家校共育视野下开展青少年心理健康教育

首先这要求我们把青少年看成是有发展潜能的人,相信他们能通过教育获得成长。其次教学要从每一名青少年的特点出发,因材施教,还要注重每一名青少年的全面性发展。在课堂上,教师要起主导、引领、帮助的作用,为青少年创造良好的学习环境,充分发挥青少年的主观能动性,激励青少年主动学习、主动思考,让青少年积极主动地在活动中探究、体会、感悟、分享,从而促进青少年心理全面发展。

4. 科学性原则

教育的科学性指的是教师应以科学的态度和教学方法,准确无误地向青少年传授知识。心理健康教育课的科学性首先要求教师有科学的态度,如在教学中要客观、实事求是。其次要注意教学内容的科学性与严谨性。虽然青少年心理健康教育课不是心理学理论课,但仍有心理学知识。教师要不断提高自身知识文化水平,避免在课堂中出现知识性错误。心理健康教育应建立在科学的理论基础上,如发展心理学理论、教育心理学理论和积极心理学理论等。

5. 发展性原则

开展心理健康教育要以青少年的发展为根本,遵循青少年的身心发展特点和规律。首先要关注青少年的不同身心发展特点,如年龄、地域、个性等,做到因材施教、循序渐进、有的放矢地进行差别教学,使每一名青少年都能得到发展。其次要关注青少年的最近发展区,考虑青少年的现有水平和潜在水平,使教学内容和进度既能使青少年接受,又要有一定的难度,从而更有利于发展他们的心理品质,挖掘他们的心理潜能。

6. 生活性原则

心理健康教育课的内容主要来源于青少年在成长过程中遇到的心理困扰。因此,课堂内容应贴近青少年的学习生活,体现这一年龄阶段青少年的需求,符合青少年身心发展的特点。

7. 体验性原则

心理健康教育课是一门使青少年获得体验的课,教师应根据青少年的心理发展规律,有目的地创设教学情境,提升青少年的投入程度。心理学家皮亚杰指出,活动是一切知识产生的源泉。教师可以把体验式活动作为课堂的主要教学方式,将教学内容寓于活动之中,让青少年在活动中获得体验和成长。

(二)心理健康教育课程的教学方法

教学方法是包含教师教与青少年学的方法。不同学科适合不同的教学方法。心理健康教育课程的教学方法既要符合新课程改革提倡的基本理念,有利于青少年发挥自主性、独立性、能动性和创造性,又要体现出心理健康教育的特色。本书运用的教学方法主要有以下几种。

1. 讲授法

讲授法是指教师通过叙述、描绘、解释、推论向青少年传授知识,它是教学中最普遍的方法。心理健康教育课虽不是理论课,但仍有一些理论知识需要青少年了解掌握。

2. 讨论法

讨论法是指青少年在课堂上围绕某一问题进行讨论,从而互相学习获得知识的方法。讨论法是教学中最常见的教学方法,它可以让所有青少年都参与到课堂中,提高他们的参与度和体验感。同时,还能激发青少年的学习兴趣,培养他们的合作能力。

3. 认知法

认知法是根据青少年认知活动来达到教学目标的方法。认知法常通过故事、联想等方法改变青少年的认知。

4. 角色扮演法

扮演法指的是设定某一种情景让青少年扮演其中的角色。青少年通过行为模仿和行为替代,获得体验和感悟。在角色扮演中,青少年能换位思考、理解他人,也能借此机会觉察自己,有利于促进青少年自我

第五章　家校共育视野下开展青少年心理健康教育

成长。

5. 行为改变法

行为改变法是青少年心理健康教育常用的方法之一，它指的是在教学过程中通过示范、奖惩、行为训练等强化手段来塑造某种良好行为，或者消除某种不良行为。本书使用的行为改变法主要有行为强化法、契约法。强化法贯穿于每一节心理健康教育课，当青少年表现出专心听课、积极发言等良好的行为时，教师应及时表扬，给予强化。

6. 表达性艺术疗法

表达性艺术疗法是借助音乐、绘画、心理剧、游戏、雕塑、舞蹈、沙盘等，以自由的外在创作表达内心的感受。表达性艺术疗法可以打开人的潜意识，降低人的防御，促进人的自我觉察和自我整合。

第六章　家校共育视野下加强青少年劳动教育

劳动教育是发挥劳动的育人功能，对青少年进行热爱劳动、热爱劳动人民的教育活动。它包括日常的生活劳动、生产劳动和服务性劳动。它对培养青少年的健全人格、发展青少年的核心素养、促进青少年的全面发展、实现教育的最终目的有着极为重要的意义。合适的劳动教育能够让青少年理解劳动的真正意义，并形成良好的劳动习惯。

劳动教育是全面育人体系的重要内容，旨在培养青少年的实践精神与提高参与劳动的能力，完善对青少年的价值引领。新时代劳动教育的有效实施离不开家庭与学校的协同共育，只有家庭与学校充分认识劳动教育的重要意义，发挥各自优势，相互配合，才能更好地发挥劳动教育的作用，将青少年培养成自理、自立、具有责任感的社会人。本章就来探讨家校共育视野下加强青少年劳动教育的相关内容。

第一节　劳动教育的相关概念

一、劳动教育

劳动教育是一个不断发展的概念，中国特色社会主义进入新时代，在新的时代背景下，劳动教育也要有新的内涵与特征。班建武认为，"新"劳动教育不是用劳动来代替教育或将教育完全融入劳动之中，不是劳动内容的固化，劳动也不仅仅作为谋生手段。新时代的劳动教育是教育与劳动的科学结合，是整合、开放的实践体系，是劳动价值观的积极正

第六章 家校共育视野下加强青少年劳动教育

确引领。

新时代的劳动教育是一种劳动价值的召唤,着眼于青少年正确劳动价值观的培养,注重将劳动教育全面融入育人体系中去,贯穿于家校社各个方面,以劳动作为媒介,召唤青少年正确认识劳动、体认劳动,形成正确的劳动情感,召唤青少年劳动意识的觉醒,通过内发的劳动自觉,主动参与劳动,在动手劳动、动脑创新的实践中体认劳动的价值,促进完善人格的塑造。

学校和家庭针对不同学段青少年的特点,劳动教育的内容、形式等也各有侧重。劳动锻炼能够在增强青少年体质的同时促进青少年心理发展,使青少年身心和谐统一、健康成长。

通过劳动教育能更好地对青少年进行价值引领。本书所指的新时代劳动教育兼顾生产劳动、生活劳动、服务性劳动,是家校通过让青少年参与劳动,促进青少年劳动"知、行、意"提高的教育活动,旨在增强青少年的劳动知识,提高青少年的劳动技能,培养青少年的良好的劳动习惯,给青少年更多走向社会、参与劳动实践的机会,在校内外劳动实践中提升青少年的劳动素养,锻炼青少年的劳动品质,提高青少年的职业意识,形成正确劳动价值观念,为青少年的幸福人生做准备。

二、新时代劳动教育内涵的研究

新中国成立以来,劳动教育曾与政治教育相叠加,也出现过将劳动教育等同于体力劳动的阶段。时代在变迁,劳动的形态在不断发生变化,我们对劳动的认识也在改变,劳动教育的内涵也随之处在不断变化之中。当前,劳动教育影响学习者的核心素养,关联青少年的发展,被赋予新的内涵。

(一)劳动教育是关于劳动的教育

劳动教育是关于劳动的教育,是在劳动过程中对劳动知识、劳动态度、一定的劳动技能、劳动品格等的培育。劳动教育应包括家庭的基本生活技能教育、学校的劳动通识性教育和与职业相关的专业性教育,是关于劳动态度及价值认同的教育。

（二）劳动教育是通过劳动进行的教育

教育蕴含于生活中各个场所的劳动中，劳动教育是通过进行生产劳动，在这一过程中进行有目的、有计划地提升人的素质的教育活动，是教育与生产相结合，注重在劳动中进行教育，具体包括在生产中、服务性活动中和日常生活劳动中进行教育。劳动教育强调实际的劳动体验、贴近生活与促进个人成长。

（三）劳动教育是为了劳动者的教育

新时代的劳动教育是让青少年在劳动的过程中发现自我的价值与意义，在劳动中进行良好的人际交流，形成良好的劳动品格；是为了使青少年爱劳动，积极主动参与劳动，具备独立生活的能力和参与实践的能力；是为了使劳动者更好适应社会而进行的教育。

三、劳动教育价值意义的研究

（一）对受教育者的意义

劳动教育有利于孩子正确地认识、发现、认同自我的价值。劳动教育使青少年获得劳动知识和生活、工作的技能，同时在思想、习惯、精神等各个层面得到提升，在劳动中进行创造，努力追求幸福的生活。它和其他各育相互影响，从整体上影响青少年的全面发展，是造就全面发展的人的唯一方法。作为素质教育的重要内容，劳动教育对提升青少年的综合素质、形成科学的价值观、正确地认知世界、过上完美幸福的人生有重要意义。

（二）对社会的意义

劳动是整个人类生活的第一基本条件，以致我们在某种意义上不得不说：劳动创造了人本身。中华民族是勤劳勇敢的民族，重视劳动与劳动教育是我们的传统美德，加强劳动教育利于弘扬民族精神，中华民族的振兴同样离不开劳动。

　　劳动教育能够使青少年具备从事劳动的能力,逐渐养成劳动的习惯,防止年青一代成为寄生阶层,使他们能够通过劳动自食其力。劳动教育提高了青少年的素养,让他们掌握了必要的实践技能,在劳动过程中进行不断创造。同时,劳动教育一定程度上促进了不同阶层劳动者间的合作与尊重,人与人之间和谐相处,更易于形成良好、稳定的社会环境。

(三)对教育本身的意义

　　劳动教育是进行素质教育必不可少的一部分,要构建现代全面育人体系,必须及时补足劳动课,发挥劳育的基础性和全局性的重要作用。劳动教育对五育具有融通性,只有各育相互融合,才能更好地承载全面发展人的使命。另外,这也是推动构建更高水平人才培养体系的需要。

第二节　家校共育视野下加强青少年劳动教育的现状及原因分析

一、家校共育视野下加强青少年劳动教育的现状

　　新时代我们加强劳动教育,是社会对人才的需要,是培养全面发展的人的需要,更是青少年未来幸福生活的需要。但调查发现,青少年对劳动内容的认识还不全面,缺乏必要的劳动技能,良好的劳动习惯还未养成,这需要我们重新审视劳动教育。劳动教育的实施离不开家庭与学校,通过调查了解到,家庭和学校对劳动教育的必要性存在一致性认识,也都在进行一些教育活动,但还存在很多不足,问题概括如下。

（一）学校劳动教育的主导作用没有充分发挥

1. 缺乏专门的劳动教育课程保障

通过教师访谈了解到,大部分学校都是以综合实践课为载体进行劳动教育的,劳动课只是综合实践的一部分,大部分学校的综合实践课每周只有一节,而政策要求,劳动课平均每周不少于1课时,显然劳动课课时是得不到保证的。学校的一些比赛如跳绳、拔河、知识竞赛会挪用劳动课时间来进行,劳动课不被重视,可上可不上,劳动课的地位被降低。劳动教育也没有专门的评价机制,这也导致劳动教育的内容不系统,劳动教育的效果得不到保障。

2. 专业教师匮乏

教师大多没有劳动专业背景或劳动技能。学校对劳动教师的专项的培训重视程度不够,劳动课教学也没有考评,劳动教师没有晋升、发展的空间,劳动教师不被重视,因此教师的积极性不高。劳动教育管理也较为松散,访谈了解到,劳动教育教师不用写教案,教学内容除了综合实践教材内容,会根据自身特长及青少年需要补充一些内容,教学较为随意、不专业,这也导致青少年对劳动的认识不系统,学科教师对劳动教育的学科价值挖掘不够。

3. 劳动教育物质保障不足

很多学校没有多余的区域来开展劳动活动,不具备农田、车间这样的实践场所,因此这些设施成了应付检查的摆设,没有发挥应有的价值,劳动教育大多在教室进行。劳动教育离不开实践,需要让青少年动手、动脑相结合,在做中体验、思考,从多姿多彩的劳动中感受劳动的乐趣、体会劳动的艰辛。而劳动课如果和其他课程一样在教室里讲理论就会变得枯燥无味,让青少年出现抵触的情绪,这也不利于青少年正确地认识劳动。劳动经费不足也导致很多实践课程的活动受限,劳动课程开展不起来。

第六章　家校共育视野下加强青少年劳动教育

4. 劳动教育的评价机制不成熟

在劳动课的过程性评价中,教师的过程性评价频率较低、评价较随机,不够及时,评价的引导和激励作用不明显;在结果性评价方面,综合实践课大部分时候没有考试,有也只是偶尔布置一些小任务,而对于青少年的完成情况也没有及时跟进,说明结果性评价的诊断性效果不明显,青少年的劳动收获情况很难把握。以上不论是过程性评价还是结果性评价,学校都没有具体的评价标准,评价方式较为单一,评价内容有局限性,整体上看,劳动教育评价机制不成熟。

5. 学校整体的劳动教育氛围不浓

从学科渗透上看,在遇到劳动相关的内容时,学科教师会有意识地对青少年进行思想的引导,但这些行为多是教师的自主行为,不同教师的渗透程度不同,学科教师间没有对劳动教育的学科价值进行有意识的挖掘,没有对劳动价值观引领进行系统规划,这也反映出学校的重视程度不够。从劳动课本身来看,虽然属于综合实践教学的一部分,但劳动课地位没有受到重视;从校内外劳动实践活动看,青少年的活动多是简单的值日、整理课桌活动,内容不丰富,形式单一;从教师对劳动教育的满意程度看,很多地区的劳动教育还处在起步阶段,学校还没有形成全员参与的系统化、规模化的劳动教育体系。

(二)家庭劳动教育基础性作用不明显

1. 家长对劳动教育的认识不到位

一些家长对劳动教育的期待也是希望劳动教育能够促进孩子成绩的提高,如生产制造工具和维修这样的教育应该是职业学校的内容,以后不进工厂、车间,这些没有必要学,希望学校多一些开发智力的劳动教育,对孩子作用更大一些。还有一些家长将劳动教育定位于让孩子从事体力劳动,窄化劳动,认为只要是进行了身体的磨炼就算劳动教育,如暑假让孩子回农村锻炼,这其实是对劳动教育途径的误读。劳动教育的途径不只是用脑或是让孩子身体上感受"累"和"苦",而是培养一种劳动的精神。

另外，一些家长缺乏对孩子劳动的评价，主要表现在不评价或评价语言单一，如很多家长会用不错、真棒、干得好等词语来进行评价，简单的评价极易使孩子认为家长的表扬是一种简单的回应，感受不到自己劳动的真正价值与意义，这种忽视劳动教育价值引领的教育效果也是肤浅的，青少年劳动的自觉性也会被弱化。

2. 家庭劳动教育的氛围不浓

良好的家庭劳动教育氛围体现在家庭成员对劳动的态度、家长的劳动意识与行为引领、家庭成员共同参与劳动的情况。同时，家长对孩子劳动过程的错误的评价方式，如用物质手段或将劳动作为惩罚方式，以及价值观引导不足等都不利于创设良好的家庭劳动氛围。很多家长将家庭劳动大包大揽，逐渐让孩子以为家务活就应该是大人的活，自己的主要任务就是学习，父母的这种行为最终会导致孩子的自理能力很差，给以后的生活带来极大的不良影响。

(三)劳动教育的家校共育表面化

1. 责任落实不到位

很大一部分家庭的劳动教育仅停留在思想层面，没有将家庭劳动教育的责任贯彻到实践中去。学校方面，课程效果不突出，现有的综合实践活动课也常常被"课程化"，以实践的名义在课堂上讲劳动，如教师"讲将垃圾变废为宝、教授红酒的制作方法"，青少年没有真正地动手，劳动课成了理论课，使劳动资源被浪费。从学校的劳动实践教育看，有的教师指出"学校没有劳动场地，所以没办法劳动"，有的则"因为青少年人数太多，照顾不过来，考虑到安全问题"不敢开展，一系列的问题导致劳动教育无法切实让青少年感受劳动。同时，劳动课的课时、师资、教育资源开发、实践场所等方面的投入较少、关注度不高的问题也很突出。另外，学校对家庭的指导很少，相互间沟通不畅，家庭和学校对各自的责任多停留在思想层面，落实不到位。

2. 家校合作体系不完善

学校具备教育的优势，有专业的师资、丰富的理论、有效的管理，这都有利于系统地开展劳动教育；而家长群体涵盖了丰富的职业类型、不同的经历，也更接近生活。双方有机互补，有利于提升劳动教育的效果。访谈发现，家校合作进行劳动教育的活动形式较为单一，多是班主任通过家长会或家校合作群向家长说明家庭劳动的必要性，家长被动配合学校工作；内容也较为固定，大部分活动由学校提供方案、班主任传达、家长配合，家长的主动性没有被调动起来，很多家长将这样的活动当成一种负担，疲于应对；一些家长则为了不耽误孩子的学习时间，承担了全部任务，实践作业变成了学校布置给家长的作业，这必然会导致家校共同进行劳动教育偏离了初衷，失去了劳动活动本身的意义，家庭和学校关系受到影响，亲子劳动的价值得不到发挥，青少年的劳动能力没有得到提升。

3. 家校沟通不畅

事实上，学校作为劳动教育的主导者，理应发挥自身教育优势对家庭劳动教育进行指导，然而很多学校不积极，家长处于被动接受、被动参与的情况，家校间的双向沟通较少。大部分家长处于被动"等"的状态，家长对家校共育中自身的权利与义务不清晰。家委会成员则更多地将自身的责任与义务定位于"配合教师工作""让教师工作更好做，家长更好地参与到学校工作中来"，多是在为学校提供服务。家长与学校间"互相等"的这种状态，是一种沟通的不畅，将导致劳动教育的家校合作不能更好地发挥促进青少年发展的作用。

二、家校共育视野下分析劳动教育现状的成因

劳动教育的扎实落地离不开家校的协同共育，但从调查中看，劳动教育的家校共育还存在诸多问题，问题产生的原因可以概括为以下几点。

（一）劳动教育政策的执行偏差

首先，对劳动教育政策的认识不到位，如开设劳动课，认为让青少年参加劳动就等于进行了劳动教育，没有准确地把握劳动教育的要义。其次，劳动教育政策敷衍式执行，如政策文件要求加强劳动教育，设立独立的劳动必修课，而在实际执行的过程中用综合实践课代替劳动课来进行劳动教育，劳动教育的地位没有被重视，劳动教育的作用得不到最大限度的发挥。最后，劳动教育执行表面化，如在执行的过程中出现教师劳动教育积极性不高、象征性上课，劳动教育的内容简单、形式单一及走形式、应付检查的现象，甚至在课程表上做文章的情况。

（二）学校劳动教育缺乏顶层设计

劳动教育流于形式的重要原因在于缺乏顶层设计，加强学校顶层设计才能保证劳动教育的各个环节得到落实。从一些学校的实施情况看，由于缺乏劳动教育目标的设定、劳动教育内容的规划、劳动教育实施过程与方法、途径的探索及健全的评价、监督机制，劳动教育不规范，缺乏长期有效机制。从当前学校对青少年的劳动情况的评价看，劳动活动的过程表现、青少年的劳动价值体认等没有被纳入青少年劳动状况的评价中，因此劳动教育的作用被忽视、被淡化。对劳动教育主体地位的忽视，导致学校的劳动教育没有系统的规划，课时不足、师资不专业、内容随意性大、形式单一等问题都没有得到重视，劳动教育散漫不成体系。

（三）劳动教育课程与综合实践活动课程界限模糊

劳动教育强调要让青少年"出力流汗"，指向青少年正确劳动价值观的培育，而综合实践活动更侧重让青少年转变学习方式，不断提升综合素质。二者目标不同，采取的手段、方式、实现路径也存在差异。劳动教育课有明确的内容，包括生活劳动、生产劳动和服务性劳动教育，而综合实践活动课则指向基于青少年发展的多种活动方式。劳动教育的落实离不开综合实践活动，当前学校完全用综合实践活动课来代替劳动课，注重活动而忽视劳动价值观的教育，不能真正发挥劳动教育的作用。综合实践活动更偏重于学校教育对青少年综合素质的提升，而劳动教育中家庭、学校要齐抓、共管，各负其责，各尽其能。认识不到这一点，家校合作不畅,责任界限模糊,显然不利于劳动教育的落实。

(四)家庭劳动教育无章可循

当前,多数家庭中只有一个或两个孩子,加上物质生活富足,孩子在家中大多衣来伸手、饭来张口。从主观上,绝大多数父母更愿意让子女从事脑力劳动。在日常家庭劳动中,家长并没有明确地规定家庭每一名成员的劳动分工,只是让孩子做一些简单的家务,复杂的劳动让孩子做得较少,劳动情况大多是看孩子的自愿程度,孩子劳动的自觉性不高。家庭劳动教育多是看家长的个人经验,家长素质不同,具体的实施情况、效果也不一样,同时劳动教育的程度也没有具体可行的参考标准,学校对家庭提供的指导服务不足,因此家庭劳动教育较为零散,劳动要求也较为随意,没有固定的标准。

(五)家庭、学校地位不平等

家校共育中学校和家长应是地位平等的合作伙伴,然而在现实中,教师在教育中占主导作用,因此家长经常作为受教者,处于被动位置。调查发现劳动教育家校合作中,家长也处在被动参与的位置,这种单向的交流削弱了家长参与的积极性,直接影响家庭劳动教育的落实,也不利于学校对家庭教育资源的挖掘,导致劳动教育家校合作不畅,劳动教育落实不到位,效果削弱。虽然在家校间有一些家校合作的组织,如家委会,但受到学校的强势地位影响,家委会在劳动教育的家校联动中作用薄弱,效果不明显,没有发挥家长诉求倾听者的作用,对学校的劳动教育参与度也不高。

(六)家校共育进行劳动教育缺少制度保障

制度建设是家校共育有效实施的重要保证,家庭和学校如何承担起责任,家校如何合作、采取哪些合作措施进行合作都需要明确的制度保障。当前学校和家庭已明确自身的责任和义务,但履行义务的科学性、有效性还不足,家校合作进行劳动教育没有实质性成效。学校作为劳动教育的主阵地,应发挥自身优势对家庭进行劳动教育指导,如进行哪些指导、如何指导、通过哪些途径进行指导都应有明确的实施机制;家庭作为协同教育的助推者,如何发挥家庭优势,辅助、支持、主动参与学校劳动教育也应当有政策保障。当前劳动教育的家校合作层次低、效果弱与缺乏健全的制度保障相关。

第三节　家校共育视野下加强青少年劳动教育的具体策略

一、落实劳动教育的家校共育理念

(一)明确劳动教育的家校共育责任

家校共育是贯彻劳动教育的有效渠道,因为劳动存在于生活、学习的方方面面,遍布于日常生活中、家庭中、学校里,家庭、学校应该重新审视自身,转变劳动教育态度,共担责任,加强双向交流,使家校劳动资源能够互补与共享,避免不重视劳动教育、只说不做的状况。要明确共育责任,形成教育共同体,经常就青少年的劳动态度、劳动表现情况进行沟通,及时调整教育策略,相互协助履行对孩子劳动教育的责任,发挥两种教育力量的合力,实现共育目的。因此,厘清家校在劳动教育中的职责,明晰、确定劳动教育家庭和学校的活动清单,建立有效的共育环境,将更有利于发挥他们的合力来促进劳动教育作用的发挥。

(二)强化学校在劳动教育中的主导作用

学校应转变劳动教育理念,正视并重视劳动的教育作用,真正明确自身使命,担当起教育的责任,进一步规范学校劳动教育,发挥自身优势为家庭提供指导,督促落实教育成果,强化学校的主导力量。

1. 构建课内外一体的劳动教育课程

劳动教育课程需要一体化、系统化的进行,将课内外相结合,使青少年进行创造性劳动。劳动教育首先要在课堂中向青少年传授劳动相关

第六章 家校共育视野下加强青少年劳动教育

的知识与技能,教授青少年劳动工具的历史、发展与应用,传达劳动情感与劳动价值观,利用更为便捷的信息技术丰富教学内容,进行系统、全面的劳动教育指引。因此,需要根据不同年龄孩子的特点,对劳动教育课各学段的课时、内容、培养目标有明确的规定,保证相互间的衔接、层层递进。其次是劳动教育的空间需要扩展,不应仅限于课堂内,还应走进家庭、融入社会,只有真正地进入劳动的场所去实践,才能有真实的劳动感受,这也是课堂上讲劳动的相关理论所代替不了的。

2. 挖掘学校劳动教育的内容

学校首先可以聚焦地方传统文化;其次,可以挖掘学校的文化资源,根据青少年的多元化需求挖掘教师资源,以学校的办学理念为灵魂,打造主题劳动精品课程,开展相应的劳动教学,合理科学地配置资源,为劳动教育提供丰富、有趣、有意义的内容与途径;再次,挖掘家长教育资源,发挥家长的职业优势给青少年提供更直观、近距离的职业体验;最后,开发利用丰富的社会资源,结合乡土文化开展研学活动,加快推进区域一体化进程,调动各方面的积极性对资源进行整合,实地调查、分析问题、挖掘亮点,形成独具特色的劳动教育新模式。同时,可以有计划地开发校外资源,加强校际合作,充分挖掘高等院校、中等职业院校等的教育资源,丰富青少年的实践内容,组织青少年去劳动,探索新的知识,将课本上学到的知识落实到实践中去。

3. 加强校园劳动文化建设

学校管理是一个学校文化形成与不断完善发展的过程,学校要加强劳动教育也应从劳动文化的创设与优化着手,发挥隐形教育力量的作用。首先,班级文化、餐厅文化、楼道文化都可以渗透劳动教育的元素,整个学校形成尊重劳动的文化氛围,青少年劳动的积极性更易于被调动起来。其次,要加强组织文化建设,运用劳模故事、工匠精神等素材加强劳动教育的宣传与引导,使劳动的价值取向、劳动的理想信念根植于每个人的内心,从管理者到教师、青少年,每个人都能够具有劳动意识,将劳动的观念落实到日常生活和学习中去。再次,要传承优秀的劳动传统文化,结合节气、传统节日,抓住教育契机开展主题活动,让青少年体悟勤劳、诚实、勤恳的劳动品质。最后,劳动教育需要不断创新,要提升对劳动的理解,加强家庭、学校间的合作,通过环境熏陶、舆论引导共同创设热爱劳动的校园氛围。

4. 构建科学的劳动教育评价体系

义务教育学校管理标准指出:新课程改革要改变以往评价注重成绩忽视青少年全面发展及个体差异的问题,要注重青少年综合素质评价。以往我们的学校教学对于青少年的评价大多是通过纸笔测试,而劳动情感、劳动态度很难通过测试得到量化,因此我们可以用质性的方式来进行评价,通过建立青少年劳动素质档案,客观真实地记录青少年的劳动过程,对青少年的表现进行及时评价,注重青少年劳动中的体悟、感受,分析评价青少年劳动素养的基本情况,坚持让青少年自评,促进其积极主动反思,并发挥他评的督促激励作用,使青少年养成自觉劳动的好习惯。学校应当根据青少年身心发展特点,依照劳动教育实施意见,科学合理地制订青少年的劳动任务清单,明确劳动任务、劳动时间及要达到的劳动效果,并将其纳入青少年劳动素养评价体系。要依托信息技术,提高劳动教育的评价效率与科学性,加强相关评价的监督与考核,明确监督体系、考核标准,并保证易理解、可操作,保证劳动教育真正落地,真正让青少年受益。

5. 强化劳动安全教育与管理

劳动教育中的一个重要问题是安全,也是由于怕出现安全问题,所以很多学校不安排青少年进行劳动。学校劳动安全教育不应停留在书本讲解、校园安全条例的张贴等,而应当采取多种形式相结合的方式,如安全技能演练,让青少年真正学会危险中如何自救,能够在真正遇到危险的时候保护好自己。学校也应当在劳动活动开始前制订翔实的安全预案,并将活动中可能出现的安全问题一一详细告知青少年,引起重视,提高安全防范意识,这也是劳动实践活动安全、有序进行的重要保障。校内劳动设施的安全也尤为重要,必须派专人定期进行检查,责任到人,消除一切可能的安全隐患。学校应成立安全小组,组织和负责安全事务,提高突发事件的处理能力,安全管理落实到人,可利用社会资源,为青少年购买相关保险,保证青少年的劳动安全和根本利益。另外,要确保劳动教育不会因安全问题而被形式化。

第六章　家校共育视野下加强青少年劳动教育

(三)提升家庭在劳动教育中的基础作用

从家庭层面来说,应当认识到劳动活动的开展不仅不会影响孩子的学习,还会促进孩子创造力和实践能力的提高。家庭应注意对子女进行劳动思想引领,不断地鼓励、赞许子女的劳动行为,使劳动成为习惯,注重榜样示范作用,使孩子掌握生活的技能,担起家庭成员的责任,形成优良的家风。

1. 培育良好的家风

家庭是我们最先接触的也是伴随我们最久的环境,父母在与子女的相处过程中,会对子女的认识、心理以及行为习惯产生重要影响。家风体现的是一个家庭的价值观,在家庭成员长期的交流和沟通中,逐渐产生强大的育人功能。因此,父母应从思想和行为上重视劳动,在日常生活中积极参与劳动,避免一些错误的劳动行为给孩子造成负面影响,要不断提高自身的修养,使整个家庭形成和谐的劳动氛围。要在日常生活中赞美孩子劳动的意识与行为,发挥家庭的育人效应,努力创造热爱劳动、崇尚劳动的良好家风,对于孩子的错误劳动价值判断要进行及时的纠正并创设情境进行正确的劳动价值引领。

2. 家庭劳动教育日常化

家庭要在日常的劳动活动中帮助孩子学会自理、能够自立、逐渐自强。家庭劳动教育要日常化、生活化,要涵盖生活自理能力(如孩子日常的床铺整理、自己的衣物自己清洗、准备学习用品等)、服务他人的能力(如帮助父母收拾家务、买菜、洗菜、做饭、照顾老人等)、创新创造的能力(如维修家电、用废旧物 DIY 新物品)等各个方面。父母要善于抓住家庭中的劳动教育时机,不去剥夺孩子进行劳动的权利,同时要进行正确的劳动示范,对孩子的劳动表现出极大的耐心,鼓励孩子参与多种劳动,逐渐掌握劳动的技能,提高解决问题的能力。

3. 家庭劳动教育有序化

父母要注重在家庭范围内对孩子进行劳动教育,要及早开始,同时随着年龄的增长,劳动的内容也应日趋复杂,家庭要改变以往随意的教育方式,要明确每一位成员的分工。劳动的内容也不应避难就易,父母应根据子女年龄的阶段特点,与子女共同商定家庭劳动清单,并确认各自的分工,有计划地开展家庭劳动,调动他们的积极性,让子女在劳动的过程中体认其价值。规范有序的家庭劳动教育还应正确地进行劳动示范、对孩子劳动的过程进行监测,即时进行评价,调动他们的劳动热情,促进习惯的养成。

4. 培养孩子劳动主动性与责任感

亲子共同参加劳动,能够创设良好的环境,进而影响孩子的劳动意识。共同劳动可以提高孩子劳动的自觉性,把劳动当成一种增进亲子感情的活动,在劳动中体会劳动带来的乐趣,感受作为家庭成员的责任感;家长在与子女进行劳动的过程中要适当示弱,不能剥夺他们参与的权利,把机会让给他们,让孩子们独立面对生活中的问题、寻找解决问题的方法,在这个过程中能不断提高孩子的自信心,也让他们在以后的生活和学习中更有担当。因此,家庭在培养孩子劳动主动性和责任感方面具有自己独特的优势,家长应意识到家庭的特殊作用,采取正确的策略,将劳动教育确确实实地贯彻到实践中去。

二、完善家校共育实施劳动教育的政策制度

(一)政府加快部署劳动教育实施方案

政府要制订合理规范的实施方案,在中小学开设专门的劳动课,明确规定各年级的劳动教育课时安排;组织开发、编制劳动教育教材,设定劳动教育清单底线要求,鼓励学校根据青少年特点发挥资源优势,开发校本课程,制订合理的劳动教育实施计划;公开招聘劳动教育专、兼职教师,高度重视劳动教育专项培训的数量与质量;明确劳动教育评价细则,成立监督小组对各个学校的劳动教育实施及落实效果进行考察、评估;通过政策扶持、经费倾斜等方式来鼓励特色学校发展,并以特色校引领其他学校,整体推进劳动教育有序落地;加大对劳动教育的经费投入,落实劳动安全相关保险,免费面向青少年开放文化教育基地、纪念馆、劳动

第六章 家校共育视野下加强青少年劳动教育

主题公园等,就校间合作、校企合作、家校共育制订合理规划,补充学校的劳动教育资源;推进劳动教育的宣传,开发多媒体平台,加强典型劳动事迹的推广,形成支持劳动教育的氛围。

(二)学校推进劳动教育落实机制

学校要严格落实政府劳动教育的政策文件,加强学校的校本化管理。每所学校的地理特点存在差异,且青少年的需求多样,因此劳动课程首先应依据时代发展的趋势,立足于本地区、本学校的特色及优势进行劳动教育的校本开发与管理。其次,要加大劳动教育教学管理力度,设置专门的劳动课程,准确把握综合实践课程与劳动课程的侧重点,创新课程监督管理制度。加强学校劳动教育的组织与研究管理,设立劳动教育教研组,研究和组织学校的劳动教育,落实劳动教育培训,充分利用政府提供的资源,加强劳动物质保障,丰富劳动教育内容,创新合作共育的途径;落实政府劳动教育评价细则,优化方式、方法,积极探索实施途径;激活劳动教育活动方式、探索隐性素材,繁荣学校劳动文化。最后,加强劳动教育质量监控,监督劳动教育各个环节,提高安全管理意识,及时反馈信息,调整实施过程,提高劳动教育质量与效果。

三、加强教师、家长的相关培训

(一)教师的劳动教育能力培训

劳动教育教师应是拥有劳动专业知识、掌握相关技能的专家,然而实际情况却相差甚远。学校首先要提升现有劳动课教师的专业教学能力,要重视劳动教育教师的专项培训,尊重教师的教育自主权,挖掘教师的潜力,提高课程开发能力。其次,对教师开展劳动教育全员培训,提高全体教师的劳动观念与劳动教育自觉性,鼓励各学科教师间的相互交流与合作,开展跨学科教师集体备课,发挥各学科的特点,注重各学科间的相互衔接,让劳动的思想渗透进每位教师的教学中,丰富学科内容,实现优势互补、协同共进。

(二)学校对家长进行劳动教育方面的培训

家长对孩子的教育多是从经验出发,缺少系统性与科学性,学校应发挥教育优势对家庭进行指导。首先要加强认识引导,学校可以借助互联网,通过家长学校等有效途径,使家长明确自身在劳动教育中的重要作用,提高劳动意识,采用正确的评价方式,不断引导孩子进行劳动,了解如何更好地指导和协助孩子进行家庭劳动,如何创设良好的家庭劳动氛围,同时利用大数据对家长的学习情况进行监督,提高培训的质量。其次要帮助家长提高实践能力,了解不同年龄段孩子的身心特点,协助家长根据孩子自身的特点制订家庭劳动清单,并对家庭劳动的情况进行跟踪指导。

(三)学校对教师、家长进行家校合作培训

邀请专家通过线上、线下相结合的方式,进行家校合作的培训。培训可以以理论学习为先导,强调家校共育对青少年成长的重要性,并明确各自的权利和义务,明晰学校与家长是地位平等的合作关系,双方各有优势又存在不足,只有相互补充、合作互助,才能实现共赢。在此基础上,通过优秀家校共育案例分享,促进家庭、学校积极探索合作路径。同时,要加强实践引导,结合专题活动,家庭与学校共同献计献策,加强沟通,创新活动方式,提升共育效果。

四、探索家校共育劳动教育的新路径

家校共育的优势在于能够将各自的资源进行共享与重新整合,为青少年的发展提供更有利的保障。家校社协同是推进劳动教育的根本渠道,调查发现劳动教育的家校共育表面化,家校沟通不畅、家校合作不到位现象严重,因此要严格落实家校责任,全方位、多角度加强家校合作,探索劳动教育家校共育的新路径。

(一)形成整合、共赢的劳动教育家校关系

首先,劳动教育的资源来自家庭、学校、企业、社会,要整合各种劳动

第六章　家校共育视野下加强青少年劳动教育

教育资源,开发利用多种合作共育的劳动教育活动方式,调动家校两个教育主体的主动性,使家校能够共同参与、步调一致,发挥教育的最大合力。其次,家校共育的目标导向是多方共赢,对于父母来说,不仅促进了自我成长,而且有利于形成良好的亲子关系,促进孩子的健康成长;对学校来说,得到家长的支持与理解,更有利于开展教育教学工作。因此,劳动教育的家校共育双方认识目标必须一致,即注重对青少年进行劳动的思想性引领;行为目标要同向,要将劳动与教育有机融合,防止互相责任推诿,要将劳动教育渗透到家庭生活、学校生活中去,处处有劳动、处处学劳动、处处宣传劳动,全面推进劳动教育实践。家校在思想和行动上要充分发挥主动性、积极性,形成相互依靠、彼此帮扶、合作共赢的劳动教育家校关系。

(二)加强家校共育劳动教育的双向监督

针对青少年的特点,对劳动教育的过程及结果制定易于实施的督导和监测体系,来对学校、家长的工作进行不间断的长效监督,对青少年的劳动情况进行及时测评,以保证家庭和学校的劳动教育及时调整、不断优化,使学校和家庭在劳动教育中的作用得到最大限度的发挥。学校应积极邀请上级教育部门对劳动教育工作进行监督,接受批评指导。完善家庭参与学校劳动教育的监督指导机制,为家长参与提供平台,保持家校交流与沟通的顺畅,并保证落实到位。发挥家委会等重要家校合作组织的作用,转变观念,完善功能定位,制订劳动教育家校共育的运行机制,责任落地,家庭、学校互相监督,促进劳动教育有序、有力进行。

(三)依托信息技术拓展家校共育劳动教育载体

家校间的信息互换与共享是进行合作的基础。随着互联网的发展,网络将为家校共育推进劳动教育的开展提供更便捷的通道,促进家校间的信息交流与共享。首先,学校要做实做好劳动教育,通过微信公众号或家长群等新媒体,展示劳动活动、劳动模范事迹、典型劳动榜样,加强劳动教育宣传,提升劳动教育的地位,烘托一种尊重劳动的良好风气,让家长认识到学校对劳动教育的重视,增强对劳动的认识水平。其次,积极构建与家长交流的平台,如利用社交媒体建立微信群或 QQ 群,畅通交流的路径,给家庭参与者表达的权利和机会,共同推进劳动教育的展开。最后,学校借助信息化技术,建立家校网络,将青少年在校的劳动教育内容、劳动表现、考评情况公示给家长,家长将孩子在家里的劳动情况上传网络,使家校双方都可以随时了解孩子的表现,及时发现、解决存在的问题,促进孩子的发展。

第七章　家校共育视野下提升青少年道德素养

随着当代中国社会改革的深入,全球一体化、经济市场化和信息网络化的推进,社会发展取得了巨大的进步,但同时许多道德缺失问题也开始涌现,有些甚至比较严重。比如,社会上出现的道德滑坡、诚信缺失等问题,人与自然相处不和谐而引发的环境问题等,这些问题的根源既有社会方面的因素,也有家庭方面的因素,更有个体自身的思想道德因素。基于此,本章就来分析家校共育视野下如何提升青少年的道德素养。

第一节　道德教育的相关内涵

一、道德

"道德"一词在中国源远流长。"道"是指一种原则,"德"是指实行原则有所得。"道德"泛指人们行为应当遵循的原则和标准。现在所说的"道德"这个概念,是指一定社会用以调整人与人之间以及个人和社会之间关系的一种行为规范,它是依靠社会舆论、各种形式的教育和传统习惯,特别是人们的内心信念而起作用的。道德是社会历史现象,是随着人类历史不断发展的一种特殊意识形态。道德既是个人行为的规范,又是评价个人行为的尺度。为了维持社会秩序的稳定,社会就需要有一定的规范或准则来约束人们的行为,调整人们的关系,而道德就是这种行为规范。如果一个人的行为符合这些规范,那就是讲道德,从而受到社会舆论的鼓励、赞扬甚至歌颂;如果违反了这些规范,那就会被看作是不道德的,从而受到社会舆论的批评和指责甚至被推到风口浪尖,这就是对人们的行为进行道德上的评价。

但是,并不是所有的行为规范都属于道德的范畴,法律也是约束人们的一种行为规范,以立法的形式,明确地规定哪些行为是违法的,是不允许做的,哪些行为是合法的,是可以做的。道德规范和法律规范的区别主要体现在,法律是由国家制定,并由国家机器强制执行的,即它是以外在的强制力量为前提和后盾的,谁触犯了法律,就要受到国家强力的制裁。而道德是通过社会舆论、传统、习惯以及人们内心信念起作用的,并以人们的内心信念为基本条件。虽然社会的道德舆论也是一种特殊形式的强制力量,可以在一定程度上强制人们采取某种态度和行为,但是这种道德舆论的压力作用只有通过内心信念才能起作用。[1]

二、道德教育的内涵

中国传统道德是以儒家道德文化为主体内容,以墨家、道家、法家等其他学派的道德文化为补充而有机结合的庞大的道德文化体系,经过长期发展而为人们接受并认同的相对确定而持久的价值观念与行为准则、规范。

《现代汉语词典(第7版)》中认为道德是:社会意识形态之一,是人们共同生活及其行为的准则和规范。通过人们的自律或通过一定的舆论对社会生活起约束作用。我国学术界把道德教育的普遍概括为:道德通常依靠社会舆论和人们的内心信念来维系,作为一种精神纽带,形成社会凝聚力、规范社会交往、制约人们的道德行为。[2] 道德教育从广义上来说,是满足国家任务和国家目标的需要,是为国家任务和目标服务的。道德教育是维护国家和社会稳定,通过道德教育向人民传输正确的道德意识,并转化为人们的道德品质。从狭义上讲,道德教育是学校德育的一部分,以家庭、社会为辅助教育,是学校教育中传授知识与技能、发展智力和体力相并存、相互联系的塑造人性的教育实践活动。道德教育是教育主体根据一定的道德目标,并选择与时俱进的道德教育内容,

---

[1] 上海市伦理学研究会. 道德科学知识讲话[M]. 上海:上海人民出版社,1984.
[2] 中国社会科学院语言研究所. 现代汉语词典[M]. 北京:商务印书馆,2020.

根据受教育者的思想状况、心理特点,采取一定的德育方法,有针对性地加以引导和教育,使受教育者形成具有系统性和完整性的判断是非的标准,其影响效果是持久深远的,是一种无形却又强大的力量。当前,道德教育应以习近平新时代中国特色社会主义思想为指导,以社会主义核心价值观为主流,以提高青少年道德教育素养为目标。

第二节 新时代开展青少年道德教育的内容

一、以爱国主义为核心的民族精神教育

爱国主义是一个国家、一个民族凝聚人心的强大精神动力,始终对祖国的发展充满信心,是对祖国发自内心的一种最深厚、最真切的情感。爱国主义会激励着人们为国家的繁荣、民族的富强、社会的和谐而奉献自己的力量。青少年爱国主义德育就是要激起青少年对哺育自己成长的祖国、土地及江河的眷恋之情。青少年应塑造爱国主义为核心的民族传统文化德育内容,以热爱祖国、建设祖国、胸怀国家、保卫祖国、富强祖国为基本内容进行优秀传统文化教育,弘扬民族精神。青少年传承中华民族优秀的道德品质、优良的民族精神、崇高的民族气节、高尚的民族情感,激发青少年关注自己的民族、热爱每一寸乡土,尊重本民族、本地区的优秀传统文化习俗,认真学习中国的辉煌历史,青少年体会中国对人类社会发展所做的重要贡献,增强青少年对本地区、本民族的自豪感。

中国传统文化德育必须由青少年传承下去并不断创新发展。中国传统文化德育是中华民族的精神食粮,是中华民族生生不息的精神支柱,是实现中华民族伟大复兴的精神力量。青少年就是要把朴素的爱国情感升华为理性的爱国主义情操,表现出青少年对祖国的无限忠诚和愿为祖国的独立、统一、繁荣、富强而无私奉献的精神,具有强烈的民族自信心和自豪感,形成民族的浩然正气,凝结民族的气节。接受民族优秀传统文化德育,是提高青少年自身素质的需要,又是承担历史重任的需要。

二、以社会主义核心价值观为主题的当代教育

价值观从本质上是指人类对价值的追求和判断,在一定的历史条件下,是一个民族长期在社会实践生活和文化积淀的产物,是在处理问题时处于比较稳定的立场、观念和态度,是世界观的重要组成部分。"社会主义核心价值观是对当前中国特色社会主义建设中各种不同价值观的全面梳理。"[1]

社会主义核心价值观指导青少年的行为规范,理顺青少年与当代国家、社会、个人的关系和内在一致性。在新时代,青少年要明确国家的价值目标、社会发展目标与个人自身目标,在各种价值观的目标中做出正确的判断和抉择。

社会主义核心价值观是当前我国实现和谐发展的精神指引。青少年作为祖国建设的后备力量和未来的希望,身心发展和价值观正处于形成的关键期。因此,青少年应该加强社会主义核心价值观的教育。在国家价值层面上,青少年要学会关心国家大事,拥护祖国统一,对民族振兴和国家的发展充满信心,围绕富强、民主、文明、和谐进行教育;社会价值层面上,强化青少年对自由、平等、公正、法治的理解,培育青少年未来成为社会主义的劳动者的光荣使命感;个人层面上,教育青少年加强对中华民族精神的传承和优秀传统美德的认同,特别是爱国、敬业、诚信、友善的关注和理解,引导青少年遵守法律、热爱生活、关爱生命,最终使青少年坚持集体主义的价值取向,坚持人民利益高于一切,反对个人主义的价值取向。

三、以孝顺父母为支撑的家庭传统伦理教育

家庭传统道德教育可以追溯到原始社会时期,自然环境相当恶劣,生产工具不足,人们以群体活动的方式来谋取物质资料,采取平均分配的方式来维持氏族的生存和发展。这种简单的关系逐渐形成了家庭道德的原型。家庭道德教育是规范家庭生活、调节家庭矛盾和鼓励或约束

---

[1] 顾莉. 家风建设和社会主义核心价值观的家庭培育[M]. 北京:中国社会科学出版社,2020.

第七章　家校共育视野下提升青少年道德素养

家庭成员行为的道德准则。孝顺父母是中华民族的传统美德,是家庭道德教育的重要内容,现成为中华民族所固有的美好品德,也是优秀传统道德中的精华。孝顺父母作为人类社会中基本的伦理道德组成部分,也是中华民族的精神财富。

"家和万事兴",小家庭是大社会的组成部分,家庭道德的不断提高,会促进全社会道德水平的提高。家庭道德是塑造青少年品质和完善青少年人格,形成良好社会道德风尚的根基和关键。青少年进行的家庭道德教育以孝顺父母为主要内容,包括承担起家庭责任、尊老爱幼、子女道德、亲友道德和邻里道德等基本内容。正如习近平总书记说:家庭是人生的第一个课堂,父母是孩子的第一任教师。

父母是青少年成长的陪伴者和见证者,孝敬长辈是中华民族的传统美德,更是每个中国公民的法定义务。家庭关系融洽,才能使青少年在一个亲切友好的氛围中生活,对学习充满激情,身心健康得到全面发展。

四、以热爱家乡、建设农村为使命的感恩教育

从农村实际情况来看,农村地区的优秀人才相较于城市是偏少的。在道德教育过程中,要采取因地制宜、因校制宜、因人制宜的方法。生活无处不具有德育的资源,要让青少年在现实生活中,提高道德自觉性和责任感。国家要逐步实现共同富裕的目标,必须要有优质的人才来建设农村地区,发展本地区特有的民族文化,而道德教育正是改变农村地区落后面貌的有效途径。由于农村地区没有城市的繁华和建设,青少年成才以后,大部分选择在城镇生活、工作。因而,农村地区更需要加强建设和开发。

在农村地区,道德教育围绕感恩父母、教师、家乡、社会、国家来展开以热爱家乡、建设家乡、服务家乡、奉献家乡、扎根家乡为主题的感恩教育。青少年通过农业生产实践活动和社会调查,体悟农业生产的艰辛和农村环境的变化,感受农民和父母的辛苦劳累,亲身体验到党和国家对农村地区的重视和扶持力度,培养高度感恩意识,形成高尚的道德品质。在未来,可以使青少年选择多种途径建设自己的家乡,早日实现以人为核心的城乡一体化发展。

五、以立德修身与心理健康为基石的基础教育

青少年时期正是增长知识和品德养成的好时机。新时代中国青少年要锤炼品德修为,要把正确的道德认知、自觉的道德养成、积极的道德实践紧密结合起来,不断修身立德,打牢道德根基,在人生道路上走得更正、走得更远。

青少年立德修身教育和心理健康教育主要以学校、家庭和该地区为主要学习场所,以自我教育和提升为根本,加强对核心思想理念、中华传统美德、中华人文精神的学习,充分调动青少年内心自我教育、自我管理的内在积极性,才能逐步确立起道德意识的"杠杆"。

青少年心理问题作为一个独立的现象而存在,必然会对青少年产生潜在的和不容忽视的影响。心理健康教育更是德育的一项重要内容,有利于帮助青少年正确地认识自己,敢于应对挫折挑战,培养自尊自信的精神,学会自我欣赏、学会协调人际关系等。对于青少年心理素质的培养,涉及教育的多个方面,更主要的还是帮助青少年自身提高认识,积极主动地改善自身的心理问题,学会在社会实践中调控自己的行为。人不可能永远是一帆风顺的,不要让消极情绪影响自己,必须掌握心理调节方法,学会自觉地控制和调节身心活动。健康的心理教育是青少年成长成才的重要保证。对于青少年来说,开展心理健康教育在一定程度上可以有效预防青少年的犯罪,以及道德、发展和安全等问题的产生。

第三节　家校共育视野下提升青少年
道德素养的意义

对新时代青少年道德教育进行研究具有十分重要的意义。其在加强青少年自身建设的同时,还使青少年与社会及国家的联系更加紧密。

第七章 家校共育视野下提升青少年道德素养

一、有助于加强青少年与党和国家的密切联系

青少年是一个特殊群体,是一个肩负着建设中国特色社会主义和中华民族伟大复兴历史使命的群体,是一个党和国家对他们高度重视和饱含期待的群体,作为未来的社会建设者,在道德教育作用下,不断提高自身思想政治素质,规范自身品行,才能承担起国家和人民赋予他们的使命,使自身与党和国家的联系日益紧密,进而关系党和国家的前途命运。道德教育作为青少年与党和国家密切联系的一种手段,在当前国际形势复杂、国内思潮各异的情形下,使青少年不断提高自身政治素质,提升应有的价值判断能力具有重要意义。

青年兴则国家兴,少年独立则国独立,青少年品质与国家命运相关联,道德教育作为催化剂,促使青少年增强政治意识,明确社会责任。青少年处在成长的阶段,未来有无限可能,培养其优秀品质,日后效力于各个领域,可以为国家发展提供动力,成为促进国家科学发展和文化建设的主要力量。当前国家处于机遇与挑战并存的重要发展时期,青少年的能力素质关系着国家发展,具备优秀的能力素质才能扛起国家发展的重任,因此提升青少年的综合素质变得十分重要。同时,对青少年进行道德教育,有助于提高青少年政治理论修养,促使青少年树立正确的"三观",加强青少年与党和国家的密切联系,使青少年担负起中华民族伟大复兴的使命。

二、有助于增强青少年公民意识

公民意识的基础是道德教育,有意识地对青少年开展道德教育,可使青少年的思想觉悟得到有效提高,同时在增强青少年公民意识方面也具有积极影响。道德教育可有效培养青少年的公民意识,也使青少年对道德教育的了解更加深入。

三、有助于培育青少年社会主义核心价值观

对青少年进行道德教育和培养青少年的社会主义核心价值观都是

对青少年进行主流思想传播的重要手段,其有一定的相似性。社会主义核心价值观是思政教育价值、内容和目标的最新提炼,其也是社会主义核心价值体系更深层次的概括。加强青少年道德教育则有助于青少年树立和践行社会主义核心价值观,提高青少年的社会意识。

习近平总书记在十九大报告中曾经提出"坚持社会主义核心价值体系",而社会主义核心价值观即是其最主要的内容。这就说明我们在新时代仍要以引导青少年树立和践行社会主义核心价值观为重要任务,以对青少年进行道德教育为依托,用社会主义核心价值观引领青少年成长,同时采用青少年易于接受的方式开展。而社会主义核心价值观与道德教育价值追求具有很高的相似性,因此对青少年进行道德教育,即用社会主义核心价值观培育新时代青少年,要不断完善改进自己的活动方案,要以理论加实践的方式对青少年开展政治教育,引导青少年形成良好的社会主义核心价值观,通过为青少年提供实践活动的形式,使青少年能够将内化的观念外化为行为,能够把理论学习运用到实践中去,在实践中深化理论、提高认识。

第四节 家校共育视野下提升青少年道德素养的具体措施

一、摒弃农村地区学校道德教育应试理念

在农村地区的学校,由于经济情况的制约和应试教育的影响,存在着不利于道德教育均衡协调发展的因素。从内容来看,学校教育既包括知识教育,也包括思想道德教育,二者同等重要。从组成力量来看,学校的德育工作是由多方面的教育力量构成的,有德育教师、班主任、任课教师、共青团组织、少先队中队、青少年班委会以及家长和其他社会教育力量。很多农村学校被迫向城市学校看齐,更多的是为少数尖子生服务,因此要将道德教育中落后腐朽的内容剔除掉,建立符合青少年实际的道德教育体系。同时,学校教育要与家庭教育相结合,立足本土文化,形成

第七章 家校共育视野下提升青少年道德素养

教育合力,针对青少年所面临的共性问题,帮助家长进行分析,给家长提出合理化建议。学校也应努力实现道德教育手段的现代化,使道德教育理论枯燥无味的内容生动起来,摒弃农村地区学校应试教育的桎梏。

(一)道德教育目的由应试向提升素养转变

学校是进行道德教育的重要场所,是青少年身心成熟的培育室。教育工作者不仅要传授知识,还要传授为人之道。道德教育目标是为培育人而设立的,农村地区的道德教育目标要体现出对青少年的关怀和体贴,要做到一切道德规范的设立,必须合情合理,切实可行。

农村地区的学校要组织多种教育力量,制订出符合本地区道德教育的多种途径和方法,开展农村地区教学工作、课内外活动和社会实践等多种分散活动,提升农村地区青少年道德素质。

第一,随着当今社会发展,明确学校道德教育目标,摒弃"唯分数论英雄"的教育观念。农村地区的道德教育应该面向全体青少年,全面贯彻道德教育方针,把培育青少年的良好习惯、品德、意识和价值观等作为主要教育内容,关注青少年智力发展水平的同时,更应该重视青少年的意志情操、道德培养和身心健康,将教会青少年如何学会做人作为首要任务。另外,针对青少年不同的成长阶段,教育工作者要注重内容的衔接性,各部门的教育工作者要有一定的分工,不能相互脱节。由于不同阶段的青少年发育水平、特点和发展规律是不一致的,教育方法也要发生转变。另外,青少年自身要破除升学和就业等方面带来的巨大压力。学校要提升青少年的主体性,激发青少年的生命力,帮助青少年产生健康、和谐的心理。

第二,农村地区的教育工作者必须尊重青少年,尊重青少年的主体性和自尊心,与青少年形成良好的双向互动。学校应该根据青少年身心发展特点,重视与青少年之间的情感交流,尊重青少年的个体差异,在良好沟通的基础上培养青少年的健康心理,从而避免其不良行为的发生。农村地区的教育工作者不仅要把青少年看成是教育的客体,也要把青少年看成是教育的主体,调动农村地区青少年的内驱力。在实践教学中,对青少年进行多方面的教育,如心理教育和抗挫折教育等,引导青少年树立正确的世界观、人生观、价值观,防止受好逸恶劳、贪图享乐和拜金主义等不良思想的侵害。

第三,从青少年的思想和实际出发,建设农村特色学校,设立贴近生活的课程文化体系,加强德育文化环境的营造和管理。其一,注重学校德育文化的宣传,在硬件环境中,特别是校园、教室、图书馆、校舍和运动场的布置,充分发挥校园环境对青少年道德素养潜在、持久的作用和影响。在思想观念上,培育健康的校风、班风和学风。其二,在农村地区设立丰富多彩、可供青少年自愿选择的校本课程,精心设计和组织开展富有趣味、怡情益智的文体、科技等兴趣小组活动,在农村地区教育资源有限的条件下,开发校本课程有利于满足青少年个性发展的需要,激发青少年内在的创造力,开拓青少年的眼界。青少年在生动有趣的校本课程中激发潜力,陶冶情操。另外,校本课程的开设实施可以引导农村教师投身于学校课程的文化建设,有效地开发和利用学校以及村委会、社区的课程资源,调动资源的合理运用。

(二)道德教育评价由分数向现实表现转变

与新时代背景相适应,农村地区学校道德教育评价应围绕青少年良好的人格特征与自我发展、自我教育等方面展开。学校是未成年人接受道德教育最主要的场所,也是最有效的场所,因此要努力营造富有情趣和催人奋进的农村校园文化环境。因为在学校,通过教师专业化的引导以及同学之间的沟通,使青少年的道德意识能够最大限度地体现出来,这种道德素养会随着年龄的增大和年级的升高而不断完善,从而使青少年形成完备的道德教育体系。

首先,农村地区的学校要实现道德评价标准的科学化和系统化,从青少年的思想道德、劳动技能、知识能力、审美情趣和心理素质等方面进行全方位的客观评价。同时,道德教育的要求更应该适应一定时期社会发展对人才道德素质的要求,要针对青少年不同的特征,分层次、分阶段对青少年的道德评价标准做出具体详细的规定。

其次,农村地区学校要坚决否定考试分数可以代表青少年的一切的评价标准,摒弃片面追求升学率,或将道德教育等同于知识灌输的错误价值观念。农村地区的教师要教会青少年全面客观地看待自身的发展,引导青少年看到自身的优点和长处,帮助青少年树立自信心。农村地区教育工作者要巧妙运用道德教育方法,有针对性地对青少年进行引导和耐心教育。同时,培养青少年的荣誉感和责任心,增强青少年自信心,帮

第七章 家校共育视野下提升青少年道德素养

助青少年获得健康和稳定的道德品质。

最后,在对青少年道德教育评价的过程中,教师应该始终坚持用发展的眼光,以尊重、民主、平等意识为基础,对青少年推行选择性的道德教育。针对青少年身心特点,注重主体个性化发展,培养青少年自我认知的意识。教育工作者要肯定和鼓励青少年的自我教育,提高青少年的自信心,强化青少年在品德修养上的主动性,重视青少年的现实表现。

(三)道德教育方式由灌输向践行转变

道德教育应该引导青少年主动认识,追求真善美,不断肯定自我、完善自我。农村地区教育工作者在教育方式上,除了必要的理论灌输外,还要进行社会实践教学,也就是道德教育方式要由灌输向践行转变。

首先,国家要充实农村地区的教育队伍,发挥理论工作者的热情和激情,转变传统道德教育方式。农村地区的教育工作者也要深入基层、深入生活和深入青少年,探索青少年道德教育的特点和规律,找出相应的方法和建议。在教学内容上,把革命传统教育、传统美德教育、法治教育和民族精神教育等有机统一于各学科理论教学之中,深刻融入青少年各种实践活动中。另外,教育工作者的主体,包括教师和家长等,在对青少年进行道德教育过程中,要采取耐心说服、循循善诱的态度,根据青少年道德教育的水平,从农村地区实际情况出发,提出具体的要求,使青少年在原有道德内容的基础上,不断提高道德素养,使得道德教育达到更好的效果。

其次,学校要重视知行合一,积极开展体验教学,深入农村地区青少年内心世界。第一,结合农村地区生产生活的实际,强化教育教学的实践环节,加强实践能力培养,使农村地区青少年能够适应未来农村生产和生活的需要。第二,抓精神、抓风气和抓氛围,充分发挥德育宣传栏、校园小广播、图书馆、黑板报、宣传栏、警示牌和文化长廊的宣传作用,在文化氛围中引导青少年对是非、美丑、善恶的价值判断和取舍。学校利用升旗仪式、节日庆典、文艺会演和班级团建等活动,开展以爱国主义为核心的道德教育。另外,学校倡导农村地区青少年勤奋学习,形成友爱和谐、健康整洁以及自我教育和自我管理的新风尚,让青少年在交往、实践中不断认知道德价值,在道德实践中提升青少年的道德素养。

最后,农村地区的学校不仅要重视青少年的智力培养,也要重视理想与信念、个人与社会的大局观的培育,侧重培养青少年独立思考和主动适应社会的能力。教育工作者应善于采用启发和引导的教育方式,尽可能减少青少年逆反心理的产生,指导青少年学会在多元化的社会中做出正确的价值选择。农村地区的教师作为学高为师、身正为范的表率,应具备廉洁自律的品质,为青少年做好榜样。教师要在平时的教育教学活动中主动采取多种方式对农村地区青少年进行理论灌输和实践教学,引导青少年理性看待社会和生活中的现象,注重道德教育由理论向实践转变。

二、家长言传身教,塑造青少年价值观

在五育并举视野下,家庭教育与学校教育、社会教育相比,在青少年观念的培养过程中发挥着独特优势,家庭教育的连贯性、情感性和针对性决定了其在青少年观念教育中的不可替代性。要想更好地发挥家庭教育的积极作用,必须要探索有效、正确的家庭教育方式,尤其是要发挥父母的指导作用,为保证青少年价值观的有效塑造提供必要支持。

(一)树立科学的家庭教育观念

家长是孩子最好的教师,家庭教育是青少年的第一课堂,作为社会"细胞"的家庭是青少年价值观念培育的起点。父母要树立科学的家庭教育观念,明确对自身教育角色的认知,端正家庭教育动机和价值观,发挥家庭在青少年价值观念培养中的基础性作用,对青少年进行正向引导。

1. 准确把握家庭教育定位

家庭教育定位是指父母对于家庭教育的认知,判断其是否认识到家庭教育的重要性。当前许多家庭教育定位不当,对青少年的价值观教育不仅没有引起足够重视,而且不符合我国国情和新时代发展需要。每个时代都有每个时代的精神和价值观念,我们要努力培育符合时代要求、符合青少年成才需要的价值观。要想使家庭发挥良好的教育作用,父母必须要纠正家庭教育定位偏差,转变家庭教育观念。

一方面,加强父母在青少年的价值观教育问题上的重视。从出生开

第七章　家校共育视野下提升青少年道德素养

始,父母就对青少年肩负着重要的教育责任,负责他们的成长、成人、成才,既为他们指明前进方向,也为培育合格的社会主义建设者与接班人奠定基础。但是在复杂多变的当今社会,各种思潮的涌入对青少年的价值观产生极大影响,这决定了家庭教育不仅仅是空空而谈,而是需要父母实际付出并付诸有效的行动,对子女生之、养之、教之、化之,使之成为对家庭、社会、国家有益的人。因此,父母要更新传统的家庭教育观念,准确定位角色,加速理念的转变,将教育的永恒性与实践性一以贯之。

另一方面,父母"小家为主,大家为辅"的观念需要改变。在一个家庭小团体内,父母对子女的培养教育具备主观性和随机性,而没有统一的客观标准,有些父母在对青少年的价值观塑造中,很少会考虑社会的需求和国家建设的要求。他们往往从"小家"需求出发,将"大家"的要求置之脑后,这种"小家为主,大家为辅"的传统观念不符合时代特性且具有极大的局限性。青少年的价值观如果和社会所推崇的价值观相吻合,那当然值得追求;一旦和社会大背景不相匹配,不仅得不到社会认可,还会致使他们在未来的社会生活中四处碰壁,更有甚者可能会导致他们最终一事无成。因此,引导青少年树立积极正确的价值观是父母不可推卸的责任,更是他们的义务,将"小家"和"大家"有机融合,相互配合,相得益彰。

2. 重视家庭中的德育功能

家庭德育是家庭社会功能和文明功能的承载体,担负着对青少年社会教化的德育功能。中国社会传统一向高度重视家庭中的德育功能,强调家庭的社会功能与文明功能不可替代。因此,家长应高度重视德育教育在家庭教育中的地位。

德才兼备、内外兼修一直都是我们中华民族所推崇和倡导的传统美德。父母必须遵循德才兼备的育人目标,避免陷入有德无才和有才无德的尴尬境地。现实生活中,很多家长为了功利化的目标,只追求孩子学习分数的提高,不重视对孩子做人的培养,即对"健全的人格修养"的培养。要想使家庭发挥良好的教育作用,父母必须要摒弃重智轻德的错误观念,更要重视其道德与人格的完善,通过身体力行和熏陶感染,不断完善青少年的价值观念、人格品质和道德修养,培养青少年对社会主义核心价值观的认同,为国家培养出政治过硬、品格良好、"三观"端正的新时代青少年。

父母要做青少年价值观的引导者,用核心价值观夯实他们的价值定位。一方面,家长要把中华民族传统美德和核心价值观放在家庭德育的首要位置。对青少年的教育,父母要注重理论与实践的结合,不仅要帮助他们正确理解核心价值观的内涵,更要将国家宏伟目标、社会氛围和个人价值三个层次相互融合,付诸行动,带领青少年身体力行,在实践中领悟核心价值观的真正内涵。另一方面,父母要针对青少年的个性特点进行教育。现代社会的复杂性给青少年带来机遇的同时,又极具挑战性。他们富有潜力又独具个性,在对青少年进行德育教育时既要尊重青少年的个性,又要结合实际,采用不同的方法以达到更好的教育效果。

3. 积极应对当前社会环境面临的复杂影响

面对当前社会环境对青少年价值观的复杂影响,父母在对青少年进行教育时必须要与时俱进,改变原有的教育观念,积极应对当前出现的新情况、新变化。

首先,随着中国特色社会主义进入新时代,世界各种文化相互交融,各种社会思潮不断冲击着当代青少年的思维,一些西方国家把他们所谓的"自由""民主""人权"等价值观念鼓吹为"普世价值",作为涉世未深、为人处世以及辨别事物能力不足的青少年,不可避免地受到更多外来文化的冲击与影响,增强了新时代青少年价值观教育的不稳定性。面对青少年多元的价值取向,如拜金主义、享乐主义等给青少年带来的不良影响,父母要尤为注意青少年的价值观教育问题,善于汲取传统文化的精髓,加强科学引导,使青少年扬弃浮躁之风,拥有"慎独"的高尚品质。

其次,社会传媒技术的发展使得信息传输渠道增多,处于复杂多变的网络环境下的当代青少年,其思想行为、价值认知发展和演变过程快速而又隐蔽。网络的开放性为青少年提供了丰富的信息资源,但是网络价值体系的多元化对青少年的价值观产生了一定的不良影响。面对网络的发展与普及、信息内容的纷繁复杂,父母只想让青少年接触网络上的积极信息未免太过于天真,使他们脱离社会更不可取,与其对孩子进行"追堵打压""因噎废食",不如更新观念,顺其发展,不断学习掌握更多的电脑网络知识,加强对孩子的人文关怀,向孩子灌输使用网络的正确价值观。因此,父母要把握尺度,注意扬长避短,坚持主导和引领原则,

第七章 家校共育视野下提升青少年道德素养

发挥网络的正向作用,引导青少年树立积极正确的价值观。

再次,在社会发展日新月异的今天,作为走在时代前沿的青少年,其生活节奏也不可避免地大大加快,他们面临的学习、生活、情感和就业压力明显增大,对他们的生理、心理健康产生诸多不利影响。在快速发展的当今社会,无论是对未来生活的迷茫,还是理想与现实生活的巨大反差,都极大地冲击着他们的内心世界,对其价值观造成一定的消极影响。因此,家庭教育要顺应时代发展,重视对青少年进行心理疏导与教育,引导他们具备良好的心态,使他们能够以乐观的心态面对现实困境,既拥有仰望星空的情怀,坚定的理想信念,又具备坚持自我、脚踏实地、吃苦耐劳的高尚品德。

最后,在市场经济发展不平衡、不充分的背景之下,当代青少年在价值观念上的困惑和矛盾明显增多。因此,必须将以爱国主义为核心的民族精神和以改革创新为核心的时代精神摆在家庭价值观教育的首位。在对青少年价值观的教育中,首先要坚持爱国教育,它是我们的根,更是我们的魂。培养青少年的爱国主义精神,父母要善于运用典型人物事例,激励他们拥有健全的人格和高尚的情怀,进一步增强他们对社会主义国家的政治认同,更要坚持改革创新教育,因为创新是一个国家发展进步的关键。培养青少年的改革创新精神,父母要注重对青少年兴趣的培养,鼓励他们积极参加各种科技实践活动,在增长知识的过程中,逐步培养创新精神。这种精神是当代青少年必须要具备的,更是时代的需要。

(二)营造良好的家庭教育环境

家庭是与个体成长最为密切相关的环境,家庭环境在青少年健康成长过程中的重要性是不言而喻的。良好的家庭教育环境对当代青少年价值观的塑造起着基础性作用。因此,要营造良好的家庭教育环境,家庭就要尽可能地创造必要的物质条件,塑造良好的精神素养,提高父母的教育水平,强化家庭教育的积极因素。

1. 创造必要的物质条件,奠定坚实的经济基础

良好的家庭教育需要一定的经济基础,经济基础为实施良好的家庭教育提供了保障。必要的物质条件可以保证青少年在健康、美好的环境

中成长。家庭的经济状况对青少年的价值观有很大的影响。一般来讲，坚实可靠的物质条件可以给青少年提供优质的生活、健康的心理、积极乐观的处事态度，表现在道德价值观方面，必要的物质条件可以给青少年带来心理的充实感，更有利于青少年形成宽容、无私、博爱等的价值观念；表现在学习价值观方面，必要的物质条件可以给青少年提供良好的学习和生活环境，取得好成绩的概率更大；表现在就业价值观方面，必要的物质条件可以满足青少年的合理需要，在进行社会实践过程中更注重于自身的锻炼、眼界的开阔、格局的提升而不是只顾赚取眼前利益；表现在婚恋价值观方面，必要的物质条件可以使青少年在恋爱或者婚姻中考虑金钱因素更少，考虑精神等其他合理因素更多一些。因此，家长要努力奋进，尽可能地给子女提供良好的物质条件和相对安全舒适的环境，给孩子今后的发展奠定一定的经济基础。

但是家长也应注意，虽然一定的物质条件为实施良好的家庭教育提供了保障，为青少年接受良好的家庭教育奠定了物质基础，但是如果家长整体素质不高，没有良好的教育方法，没有良好的家教氛围，仍然难以为青少年提供真正意义上的高质量的家庭教育。因此，父母在对青少年进行价值观教育时要注意以下两方面。一方面，要时刻注意自身的言行。父母不应仅仅满足于对孩子物质上的给予，更需要的是和他们真诚交流。优越的物质条件容易使人骄傲自满，在对青少年的教育过程中容易表现出"一言堂"的态度，对青少年起不到很好的价值观教育作用。所以，父母要特别重视对青少年的教育态度。另一方面，要对孩子做好表率作用。优越的物质条件更要求父母树立正确的金钱价值观，避免陷入享乐主义、奢靡之风的不良境地，在道德、学习、事业、婚姻方面更要注意自己的一言一行，给青少年树立一个良好的榜样。

诚然，给青少年提供良好的家庭经济基础是很重要的前提，但是家长也不要忽略了孩子精神世界的富足。作为经济基础一般的父母，虽然无法给予孩子优越的生活条件，但如果能帮助孩子养成受益一生的良好品格和生活习惯，也能使孩子在生活中积极快乐地成长。

2. 具备良好的精神素养，在潜移默化中熏陶感染子女

为人父母，必须具备良好的精神素养和心理素质，更应尽量用良好的精神文化生活和健全的人格在生活中潜移默化地影响青少年的气质

第七章　家校共育视野下提升青少年道德素养

和性格，有效促进他们健康价值观的塑造。事实证明，那些明礼诚信、爱国守法、品德高尚的青少年，都是由父母良好的精神文化生活和正确的行为所引导的。因此，塑造青少年良好的精神素养必须被高度重视。

所谓塑造良好的精神素养，其实质就是家风建设。优良家风对每个青少年的价值观塑造和道德教化，都发挥着举足轻重的作用。家庭教育中的关键因素在于父母，父母的素养往往能够影响家庭教育的质量。家庭风气越正，家庭教育效果越好，青少年所受到的教育也就越全面，他们的价值观念越能朝着正确的方向发展。

首先，父母要有高尚的道德品质，才能塑造青少年形成良好的道德价值观。父母要自觉担负起为国家培养人才的义务。但在现实生活中，部分家长言行不一致，在日常生活中经常出现诚信缺失、损人利己等不良行为。有的父母教育青少年做一个诚实正直的人，而自己却贪污腐败，或要求青少年要艰苦奋斗，而自己却贪图享乐，或教育青少年要甘于奉献，自己却自私自利。俗话说，上行下效，这样的父母只会教育出道德价值观念落后的青少年。因此，父母要提升自己的道德素养，给青少年树立榜样，帮助他们形成良好的道德价值观。

其次，父母要有勤奋好学的习惯，才能影响青少年形成正确的学习价值观。父母在日常生活中要多读书、多学习，并积极与青少年交流探讨，当遇到问题时可以向孩子虚心求教，这样不仅可以使自己拥有渊博的知识，扩大自己的兴趣爱好并陶冶情操，更为重要的是，这种学习习惯和学习精神会对青少年起到良好的示范作用。但是在日常生活中，很多父母教育青少年只是动动嘴皮子，却没有起到真正的示范作用。所以，父母要不断学习科学知识并提高知识素养，形成学习型的家庭氛围，引导父母与青少年共同学习，用实际行动来教育青少年形成正确的学习价值观。

再次，父母要有良好的心理素质，帮助青少年树立积极的就业价值观。父母要尽量控制对青少年造成的负面影响，如有些父母工作中遭遇挫折或者困难的时候，往往会在家庭生活中表现出来，更有甚者拿孩子作为出气筒，发泄自己的不满情绪。因此，父母要尽可能避免给青少年传递负面信息，引导青少年树立积极乐观的就业价值观。

最后，父母要努力营造和谐的家庭关系，使青少年树立健康的婚恋价值观。温馨的家庭氛围会促使青少年在婚恋关系中形成包容、宽容、理解等积极健康的态度。如果父母总是喜欢指责抱怨或者不负责任，势必会使青少年形成消极悲观的性格特点,在婚恋问题上形成暴躁易怒、不负责任等态度。因此,父母要为青少年树立良好的榜样,创造融洽友爱的家庭氛围,在潜移默化中影响青少年的婚恋价值观。

3. 提高父母的教育水平,提升教育能力

现代社会不仅对青少年提出了各种要求,也给父母提出了更高要求。他们已经认识到对子女进行科学教育的重要性,并对此有着非常强烈的要求。与此同时,父母的素质和家庭教育能力也有了很大提升。但是由于部分父母意识观念的落后,教育子女还是采用传统的教育观念,并没有做到与时俱进,在实践中也并没有取得理想的教育效果。因此,父母要提升教育水平,提高教育能力。

一方面,父母要转变以往的经验主义,对子女进行家庭教育的时候要讲究策略,方法得当可以起到事半功倍的作用。父母除了要满足孩子正常的物质需要、精神需要,还要注重自身素质的不断提高,不断检查和修正自身教育孩子的许多不足之处,改进家庭教育的方式方法,做到与时俱进。因此,父母要对自己高标准、严要求,这样才能以身作则,更好地对青少年进行价值观教育。例如,父母可以积极利用现代网络技术,通过学习网络上的教育方法等不断提升自己的教育水平。

另一方面,政府应该发挥积极作用,提高家长的教育水平。父母虽不像专业教师一样有专业的教育水平,但作为子女的终身教育者,也应该不断学习如何做一位好父母,如何成功地教育子女,如何能够让子女拥有正确的价值观。因此,除了父母自身的努力之外,政府也应积极发挥作用,如各级教育部门可以通过家长学校对家长进行系统科学的有效培训,定期组织家长进行理论学习,进行教育方法的传授,以提高家庭教育质量水平;也可以定期组织活动,在活动中传播教育观念。通过理论结合实践,更好地发挥政府的作用,最大限度地发挥对青少年教育的合力。

(三)采用恰当的教育方式

合理的教育方式是促进青少年形成正确价值观的基础。因此,不仅要选用民主的教育模式与青少年进行互动交流,还要运用督促的教育模式避免青少年放任自流,更要在实践中塑造青少年的道德观、学习观、就

第七章　家校共育视野下提升青少年道德素养

业观和婚恋观。

1. 选用民主的教育模式进行互动交流

父母是影响孩子一生的关键人物,对于青少年来说,教育的成败很大程度上是由父母与他们的关系质量决定的。因此,父母要选用民主的教育模式与青少年进行互动交流。

一方面,父母要与青少年平等相处。青少年有自己的思维方式,有丰富的内心世界,渴望被理解和尊重,父母应该在与青少年的相处中换位思考并把握他们的情感态度,与他们保持人格平等,尊重他们并更多地与他们进行互动交流,在第一时间掌握其内心情感世界的真实想法,不将自己的想法强加给他们。通过上述途径,增强其家庭责任感,促进家庭和谐,帮助青少年树立正确的家庭价值观,促进青少年正确价值观的建设。

另一方面,父母应该信任青少年,避免独断专行。青少年是家庭重要的成员,父母做决定的时候应该多征求青少年的意见,相信他们是独立并成熟的,他们可以提供可行的意见和建议,这样可以更好地促进家庭沟通,避免独断专行。在孩子道德品质方面出现问题时,父母要善于与青少年进行沟通,了解他们内在的真实想法与出现错误的行为动机,及时给予指导纠正,不应一味指责;在青少年学习遇到问题时,父母要给予充分肯定并耐心指导,与青少年一起合作解决,相信他们可以做得更好,而不应喋喋不休地抱怨和唠叨。在就业价值观念出现问题时,父母应通过摆事实、讲道理的方式对青少年进行教育,相信他们可以及时改变错误观念。在青少年婚恋价值观出现问题时,父母应该认真听取他们的想法,并给予正确观念的传输,相信他们能做出正确的选择,避免独断专行。

2. 运用督促的教育模式避免放任自流

当子女年幼的时候,其辨别是非的能力还比较弱,父母往往会用强制或者更为激烈的方式对他们进行教育,而成年以后,特别是步入大学以后,父母对其教育少之又少,甚至放任自流。虽然青少年已经成年,自制力相比于小时候有了很大发展,但事实上青少年的心智等各方面的发展并没有完全成熟,特别是执行力还不够强。因此,父母还应该运用督促的教育模式避免青少年放任自流。

首先,要制订科学合理的教育目标。家庭教育方式和教育目标有着很大关联性。一般来讲,如果父母对青少年的教育有很明确的目标,并对他们的未来有非常细致的规划,其教育方式有可能是苛刻的,也有可能是良师益友型的。如果父母对青少年的教育没有目标,或者目标很不明确,往往说明父母对青少年是放任不管的。面对纷繁复杂的社会环境,青少年面临着学习、人际交往及就业等多方面的压力,他们要想在毕业后能够经受住社会的洗礼,离不开家庭的引导与支持。因此,家庭教育中要制订科学适当的教育目标,父母要以目标为导向,注重青少年的一言一行,并加以督促教导,避免放任自流。

其次,要综合考虑各种因素,充分考虑青少年的个性特点。父母在价值观教育过程中,应更多关注到青少年的需求,而不只是一味地督促和斥责,不考虑他们的个性特点。家长应尊重青少年内心的真实体会与感受,在对他们进行督促教育的时候,要综合考虑各种因素,特别要注意根据青少年的回应情况做出调整。如果青少年积极地反馈父母的督促教育,说明运用此种方式进行督促教育是可行的;如果对于父母的督促教育青少年不做任何反馈,甚至做出毫不在乎的表现,又或者表现出不满情绪,父母应该积极调整方式,利用讨论或者说理的方式对青少年进行教育,帮助他们分析存在的问题,寻找对策,切勿放弃对他们的督促教育。

最后,父母应拓宽自身视野,丰富对青少年价值观的教育内容。随着网络的普及,网络诈骗、网络借贷等网络事件频频发生,部分青少年成为其中的受害者。青少年在互联网各类应用中可能面临的风险不断增多,如果稍不注意,就会造成无法挽回的危害。而有些家长对此类危害知之甚少,甚至一无所知,往往只有在孩子的权益受到侵害时,通过与青少年辅导员或者同学的联络沟通才会知晓。因此,为预防此类事件的发生,在平日生活中,父母不应该只关注青少年的成绩,而应拓宽自身视野,丰富对青少年价值观的教育内容,与时俱进地掌握其所接触的网络环境和文化,并引导他们正确使用网络,督促他们形成健康的心理来应对网络的冲击。

3. 利用实践的锻炼方式提高综合能力

人类是社会的产物,每名青少年最终都要走向社会,成为一个社会

第七章 家校共育视野下提升青少年道德素养

所需要的人。子女是一个家庭的希望,是父母生命的延续,所以家庭中都会特别重视对子女的培养教育。但是在一些家庭中,父母总是从自身经验、自身职业、自身家庭环境对青少年进行教育,忽略了青少年终将是要步入社会、融入社会生活的独立个体。如果没有很好的社会教育,青少年未来就不能很好地适应社会,甚至最终会一事无成。因此,家庭中要特别注重青少年的社会教育,引导他们积极参加社会活动,在实践活动中提高他们的综合能力。

首先,父母应积极鼓励青少年走出家庭,走出校园,步入社会,通过实践来积累相应的社会经验,以实践锻炼增强青少年的社会责任感。通过这些实践活动,可以在无形中提高他们的道德价值观念,更加坚定为人民服务的崇高信念。

其次,父母要为青少年营造良好的读书学习氛围,如带青少年参观画展、博物馆,将高雅艺术融入生活之中,让青少年在审美能力、艺术修养和文化素质方面都得到潜移默化的熏陶,发挥艺术才能。

再次,父母要鼓励青少年赴社区、厂矿、农村开展调研学习,引导他们深入社区、深入企业、深入农村或者鼓励并辅助青少年外出创业,让青少年了解工作的不易,积攒社会经验,为将来步入社会做准备。

最后,父母可以经常带青少年走访夫妻感情和睦、生活美满幸福的亲朋好友的家庭,这样可以在无形中让青少年学习如何扮演好自己的角色,树立良好的婚恋价值观。

(四)建立家校联合机制

只有家庭和学校相互配合、积极合作,才能更好地发挥青少年价值观的教育作用。因此,要建立家校联合机制,就必须充分利用现代媒介,增进彼此合作,通过家长会来促进父母与辅导员的双向互通,鼓励家庭与学校主动沟通交流并积极了解学校动态。

1. 利用媒介促进家庭与学校的深入合作

一方面,随着科技日新月异的发展,微信等现代通信媒介使得父母与子女沟通更加方便,父母可以随时了解青少年的生活动态和思想活动,其价值观也在无形中展现给父母。父母可以针对青少年的思想活动,通过电话沟通的方式对其进行分析指导,纠正青少年的价值观念。

此外，父母还可以通过关注学校的公众号等其他方式了解青少年的生活环境，进一步了解生活环境对青少年价值观的影响。父母在现代媒介的基础上，通过对青少年学校生活和表现情况的关注了解，更好地配合学校，形成家庭教育和学校教育的密切合作。

另一方面，学校也可以利用新媒体和社交网站等发布学校动态，如建立价值观教育专栏，将网址分享到家长群里，让他们可以在任何时间、任意地点查看学校网站内容，及时了解学校对青少年价值观教育的内容，使家庭与学校教育融通衔接，形成强大的教育合力。同时，可以鼓励各科教师与青少年的父母互加微信或者建立交流平台，分享青少年的课堂点滴，相互沟通交流，更加便于家庭和学校对青少年价值观的培养和教育。

2. 通过家长会促进父母与辅导员的密切联络

青少年阶段是每个人塑造正确价值观的关键期，因为大多数青少年成长的环境已经从家庭转变为学校，想要对他们进行家庭教育不再那么方便及时。此时，要想强化家庭教育对青少年价值观的积极影响，就必须强化学校与家庭的联合教育机制。

一方面，学校需要更新家长的传统观念。很多家庭和学校距离相对较远，只有节假日子女才回到家中，要对他们进行家庭教育其效果也不甚理想，因此许多家庭就放弃了对孩子进行家庭教育的机会。但是，现代家庭结构愈发简单，青少年在成长的过程中得到的综合能力锻炼较少，特别是对多数为独生子女的青少年而言，对家庭依然有很强的依赖性。因此，进入青少年时期的子女仍然是家庭教育的对象。想要转变父母的这种传统观念，学校必须处于积极主动的地位。这就要求辅导员和班主任利用开学等恰当时机召开家长会，主动与青少年父母进行交流，并不断完善家长会制度，使父母懂得对青少年进行价值观教育的重要性与必要性，为以后增加家校联系、建立家校联合机制奠定基础。

另一方面，要强化家长与教师的双向互通。教师是青少年道德教育管理工作的实施者。教师在引导青少年建立符合时代特征的价值观方面负有重大的责任。因此，父母想要利用家庭教育以使青少年树立正确的价值观，就必须利用家长会等方式加强和辅导员的互通联系。此外，如果教师在日常工作中发现青少年的价值观与主流价值观不符，也应及

第七章 家校共育视野下提升青少年道德素养

时告知家长,使家长参与到青少年价值观成长的过程中来,通过家庭与教师的合力来确保青少年树立正确的价值观。

3. 鼓励家庭与学校主动沟通交流,全面了解学校动态

立德树人是教育的任务,也是家庭教育的一环,因此需要把二者结合起来融入教育实践的各个环节中,并且各环节都需要围绕此目标来开展教育工作。当前青少年家庭中普遍存在这样一种现象:当子女进入中学或大学以后,父母与学校的沟通少之又少,有的父母甚至直至青少年毕业,与学校都没有一次沟通交流,导致家庭教育和学校教育不能很好地衔接,最终对青少年的价值观教育达不到理想的效果。因此,家庭要主动地与学校进行沟通和交流,了解学校动态,发挥优势互补。只有这样,才能更加全面地了解青少年,促使青少年形成正确的道德观、学习观、就业观、婚恋观。具体来说,父母要积极主动地参加学校活动,与学校深入交流,认真听取学校的意见,与学校教育要求一致、目标相同,并且配合学校更有针对性地对青少年进行价值观教育,共同做好教育工作,并在此过程中,提高自己的教育水平,更好地发挥家庭教育的作用。除此之外,学校要处理好与家庭的关系,并主动与之联系,用好组织教育资源,培养青少年的综合能力,并进一步完善家校联系机制,帮助家庭树立科学教育理念,促进青少年正确价值观的形成。

第八章　家校共育视野下提升青少年体育核心素养

2017年,我国教育部颁布的《普通高中体育与健康课程标准(2017年版)》中正式强调要发展学生的体育与健康学科核心素养,要求学生的体育教育要紧紧围绕运动能力、健康行为以及体育品德这三个方面进行。由此可见,培养学生的终身体育学科核心素养,已经成为目前体育学科课程改革的一个重要方面。家长参与到学校的体育教育中来,与学校及体育教师一同进行青少年体育学科核心素养的培养是至关重要的。作为提高青少年身体健康水平的主要方式,体育教育除了关注学生体育运动技能的提高外,体育课程对学生身体健康所带来的实质价值、给未来生活带来的真正益处也是同等重要的。为保证这一系统性过程达到最佳效果,学校的努力与家长的配合缺一不可,因此探究家校合作视野下青少年体育学科核心素养的培养是十分必要的。

第一节　体育教育的相关内涵

一、体育核心素养

随着我国体育学科的不断发展和改革,我国体育教育工作者借鉴"核心素养"这一概念,不断探索体育课的改革思路,并提出了"体育核心素养"的概念。在以往的学校教育中,体育课只是副科,重视程度远不如语文、数学、英语等主科。然而,随着经济的发展,人们越来越意识到身体素质的重要性以及体育带给人的精神和心理的巨大影响。教育部门和各个学校、家庭越来越重视体育教育,上海市政府已经规定小学生体

◀ **第八章　家校共育视野下提升青少年体育核心素养**

育课由每周两节调整为四节；在一些私立中小学，甚至每天都必须上体育课。在体育课日益受重视的背景下，体育核心素养的价值就越发显得重要，体育核心素养三大维度中，运动能力是指在运动中表现出来的体能、技战术能力、心理承受能力的综合；健康行为是指具有良好的行为习惯，心理状态稳定，身心协调发展，远离不健康的生活方式；体育品德是指在参与体育活动过程中，能够遵守法律法规及社会规范，在体育竞技中表现出正确的价值观和道德情操。

二、体育教育

义务教育阶段是学生发展身心健康、建立健康体育意识的关键阶段。为推进健康中国建设，提高人民健康水平，2016年由中共中央、国务院印发的《"健康中国2030"规划纲要》（以下简称《纲要》）发布并开始实施。这是我国首次从国家层面提出的全民健康战略，《纲要》不仅强调了社会的全面健康，也指向了青少年的健康发展，提出将中小学作为重点对象，构建教育与教学活动一体化的健康教育模式。

中小学体育课程的构建被写入国家规划，由此可见义务教育阶段的体育课程是国家关注的焦点。在2020年"两会"上，诸多关心学校体育工作的代表、委员们针对义务教育阶段青少年体育教育、青少年身体素质等问题细化提案，青少年的身心健康发展不仅是体育界人士所担忧的，也是社会各界人士关注的重点。学校体育是青少年体育教育的重要依托，而体育课程作为学校体育的重要组成部分和青少年体育教育的主要载体，具有举足轻重的作用。

2021年"两会"上，体育课课时不足、学生参与体育活动兴趣低、"轻体育"的学校体育现象再次成为关注的焦点，全国政协委员戴立益提出了将体育上升为"第四大主科"，重视体育地位；全国政协委员朱鼎健建议小学增加体育课时至每周5课时，每天都有1个小时的运动时间，中学采用分级授课的模式，激发学生的运动兴趣。这些提议再次显示了社会各界人士对我国义务教育阶段体育课程的重视。

无论是国家政策的实施，还是"两会"上的体育之声，都体现了国家、社会对义务教育阶段的体育课程发展的迫切需求与重视。

第二节　新时代青少年体育素养培养体系的建构机制

一、课程模式开发

（一）是我国学校体育课程改革的现实之需

新时代的体教融合摒弃了过去体育部门与教育部门在竞技体育中的融合，着重突出了教育系统的内部融合。与过去注重竞技人才的"体教结合"不同，体教融合不是强调以少数人为主的竞技体育，而是面向全体学生，更加强调学校体育在促进青少年身体健康和全面发展中的价值与意义。义务教育阶段是青少年健康发展的关键阶段，如何在学校体育的义务教育阶段有效深化体教融合，促进青少年健康发展，体育课程的优化与创新成为实现体教融合的最佳选择。同时，体教融合为体育课程的创新提出了新的要求，即体育课程不仅仅是促进学生运动能力的范式，更应当对学生的健康行为、思想品德与文化学习起到积极的促进作用。

在大力倡导体育改革的今天，体育课程仍存在课程结构失衡的现象，体育课程横向结构繁难偏旧，课时比例与课型搭配不协调；课程纵向结构衔接不畅，课程间缺乏联系、缺乏递进等问题，严重影响了我国体育课程的深化改革，也不利于义务教育阶段学生的健康发展。体育课程是实施学校体育教学的核心，随着社会变迁，许多教育工作者开始探索新的、先进的体育课程模式，"健康体育课程模式""560体育课程模式"等课程模式相继出现，打破了传统的教学形式，在课程理念、课程结构等方面也各有特点，对我国体育课程改革具有推动作用。从体教融合对我国体育课程的要求以及我国体育课程改革的顽固问题来看，开发与创新体育课程模式是以上问题的最优解。体育课程模式创新不仅能优化目前我国体育课程结构的困境，使其具有一定的均衡性与选择性，也深化了我国体育教育改革，推动新时代体育教育与学校教育的深度融合。

第八章　家校共育视野下提升青少年体育核心素养

（二）是细化国家体育课程标准、实现青少年全面发展的重要支撑

近年来,学校体育相关政策不断出台,为促进国家体育课程标准落到实处,国家要求加强中央、地方、学校三级管理,构建必修与选修、规定课程和校本课程相结合的课程模式,各地根据学生年龄、性别和体质状况积极探索适应青少年特点的体育教学与活动形式,严格落实国家体育与健康标准。同时,教育部对学校体育的要求也越来越细致,身心全面发展、技能要求提高、学生全员参与等成为促进义务教育阶段学生全面发展的核心要求。

在学校体育的背景下,如何将多维度的国家体育课程标准付诸实践,同时实现青少年全面发展的现实需求,体育课程模式的开发起到了重要的支撑作用。体育课程模式的开发不仅能够细化国家体育课程标准的多个维度以指导体育教学实践,同时多样化的体育课程模式也能满足青少年发展的实际需求,实现青少年的全面发展。

二、教师教学行为

在我国教育中,教师是教学的主导,是教学活动的组织者,也是影响教学效果最重要的因素。教师作为教学的设计者和教学实施与管理者,需具备基本的教学能力和素养。教师的职责是通过在教学中所扮演的角色体现出来的,社会、学校、家长和学生赋予了教师多种多样的职责和功能,要求教师根据社会不同方面的期望和需求,同时扮演多种角色。

教师教学行为维度共包含了八个二级指标。八个指标分别是教师课前准备、动作技能规范、与学生交流互动、教师职业道德、教师威信、教学评价反馈、育人、教育学相关知识。

教师的课前准备反映教师在上课之前对课程的计划和安排,这个过程不仅指教师备课,还包括根据学生的不同特点因材施教,即"备学生"。学生正处于心理、生理快速生长期,教师的言行举止、授课行为、授课方式都会对学生造成一定的影响,这种影响可能是阶段性的,也有可能是长期的,因此体育教师要在课前做好充分的课程准备,对学生不仅要育体,还要育心。

动作技能规范反映教师在课堂中,表现为纠正学生错误的的技术动作,以及是否能将运动动作传授给学生的问题,因此教师应具备正确的运动动作和有效的教学行为,这样才能够保证学生的体育学习质量。同时,由于教师的榜样作用,会刺激起学生强烈的认同和模仿的愿望。中学体育是学生接受体育教育的重要阶段,对高中体育、大学体育都起着至关重要的铺垫作用,因此教师技能规范与否、是否能够正确传授给学生,都是教师行为中的重要因素。

与学生交流互动反映教师在课堂上与学生的有效交流。教师作为人际关系的艺术家和集体的领导者,不能够只用"正确的技巧"来说明。一名好的教师会使用各种技巧和方法来营造刺激学习的环境。同时,不同的学生会有不同的个性特点,由于社会、家庭等方面,一些学生会有孤僻、焦虑、不自信等心理健康问题,这时体育教师不能仅关注课堂上的教学行为和效果,还要根据学生的特点,利用体育课程这一媒介,使学生在学习体育知识的同时,也有一个健康的心理。

教师的职业道德指体育教师需要人格健全,同时应具有职业操守。体育教师在体育课堂上不仅要对课堂负责,还要对学生负责。迟到早退、旷课、教学态度散漫等行为都是教师职业道德缺失的表现。在体育课堂中,体育教师要尊重每一位学生,不体罚、打骂学生,还要根据学生的不同特点,灵活运用教学方法,保证体育课堂的健康活跃。

教师威信反映体育教师在课堂上的威严,这种威信不只是教师严格的教学态度,还包括教师对课堂秩序的管理、对课堂节奏的把控、对体育器材的管理、对学生安全问题的处理等方面。体育教师作为体育课堂的组织者和领导者,要以学生和课程为中心,使得体育课堂活跃而不散乱,有序且不死板。

教学评价反馈是指体育教师在课程结束后要善于总结,找出本节课的成功之处和不足之处,并以此安排或调整后续的教学计划,改进教学工作。除此之外,体育教师应在课程结束后,将学生的学习效果、课堂环境等结果反馈给学生,培养学生反思进取、独立学习的良好习惯。

育人是指在体育课程中,体育教师不仅要教会学生运动技能,还要坚持"立德树人"这一宗旨。"纸上得来终觉浅,绝知此事要躬行",学生终要离开校园回归社会,动作技能的传授能够使学生具备一种良好的锻炼方式,但重视育人能够培养学生正确的价值观和良好的做人习惯。

教育学相关知识是指体育教师除了具备较高的运动技能之外,同时

第八章 家校共育视野下提升青少年体育核心素养

需要具备教师所应有的专业素养,这种专业素养需要与时俱进。现如今,随着教育技术的变革,各种新型的教学媒介和先进的教育理念被运用到教学之中来,只靠一味的"填鸭式"的教学方式已然行不通。教师的另外一个角色还应该是学习者,不断学习适用于现代教育的教学理念和教学方法,满足学生好奇心较强的心理特点,这就需要教师具备一定的教育学相关知识,选择合适的教学方法和有效的与学生进行交流沟通的方式,给学生塑造一个良好的、上升式的教学环境。

三、学生学习行为

在教育教学活动中,学生是受教育的主体。他们拥有学习权利、受教育权利等社会权利。现代教育强调未来意识,现代教师应培养学生适应未来社会的各种素质,更要通过教育活动培养学生对未来主人的角色认同,从根本上形成学生的主体意识和主体能力。

学生学习行为维度共包含三个二级指标,分别是主动学习、运动参与、学习反馈。

主动学习反映学生主动参与体育教学课堂,并能够依据自身的学习情况不断改进自身的学习行为。在学校体育教育中,学生作为学习的主体,要充分发挥主观能动性,投入体育教学的各个环节,并完成相应的各项学习任务。同时,教师应该正确认识学生在学习、成长中的困难和问题,不应批评和责怪,应站在学生立场上寻找这些问题与困难的原因,并与学生一起解决,满足他们的学习需求。

运动参与主要反映学生在体育课堂上的表现。这种表现不仅仅是身体上的,还有心理上的,讲求"身心合一"。首先,体育课堂上要注意学生体育运动的时间,即参与体育活动多长时间;其次,要看重学生体育运动的强度,对于学生而言,学生正处于身体快速生长的时期,不适合过量运动及大负荷运动,要根据学生的年龄段、身体生长特点等,合理安排学生的运动量;最后,要看重学生体育学习的态度问题,"学生喜欢体育,但不喜欢体育课",这个现象在访谈过程中被多名专家提到,因此体育课还需根据学生的需求,在满足学生需求的同时,增加体育课程的趣味性,使学生爱上体育,并形成终身锻炼的意识。

学习反馈是教育学中反馈论的一部分,主要是对学生学习质量的评价,也作为教学质量评价的一部分。学生学习质量的评价不单是指教师对学生的学习效果做出判断,还应有学生对课堂中学习效果的评价,评价自己在体育课堂中的学习情况,以及对本节课教师的教学方式和教学行为做出评价。作为受教育者,学生的体育学习成绩在一定程度上决定了体育教师的教学效果如何,因此学生及时的教学反馈,包括对教师的评价,都有助于学生的体育知识、运动技能的学习,同时教师可根据学生的评价来改进自己的教学方式和教学行为,使得体育课堂教学质量得以提升。

四、教学环境情况

人接受环境的影响是一个积极的、能动的过程。在适应环境的同时,还可以积极改造环境,人可以充分认识到处在自身周围的一切有利因素和不利因素,合理利用有利因素,并克服不利因素,为自身创造一个良好的周边环境。教育学认为,教学环境就是学校教学活动所必需的诸多客观条件和力量的综合,它是按照发展人的身心这种特殊需要而组织起来的育人环境。

教学环境或被称为课堂环境,这种环境有两种定义,即物理环境和心理环境。其中,物理环境指的是课堂的硬件设施,包括教学媒体设施、气味、颜色、光线、空气等这些人能够直接感应到的事物;而心理环境指的是学生在体育课堂中良好的情感体验和精神满足,是一种内在的、不能直接观测的环境。

由于一般体育教学课堂多在室外场地进行,因此良好的物理环境是体育教学质量得以保障的前提条件。空气湿度、空气质量、天气因素、声音、光线等条件都是对体育教学产生直接影响的因素,也是保证学生身体健康的必要条件,因此在体育课中,要保证物理环境达标,给学生创造一个良好的体育学习环境。

学生的身心所展现出的各种特征都处在变化之中,潜藏着各方面发展的极大可能性。也正因为这样,学生发展就必然需要成人的关怀和帮助,并借助这种关怀和帮助实现他们自己的人生价值。学生是具有思想情感的个体,有自己独立的人格、需要、愿望和尊严,因此体育教师有必要在体育课堂教学中创造一种积极的心理环境,激发学生体育学习的浓

第八章　家校共育视野下提升青少年体育核心素养

厚兴趣。这种积极的心理环境包括教师与学生之间的关系、学生与学生之间的关系以及积极健康的学习氛围。因此，要想达到这一条件，体育教师就要在体育课堂中注意自身的言行举止，发挥教师的榜样作用，这样才有利于良好心理环境的创设。

五、学生体质评价

(一)学生体质健康评价的现实审视

纵观我国学生体质健康测量与评价的演变与发展，从初期的"劳卫制"，再到目前实施的"标准制"，经历了以苏联为参考、自主研制、与世界接轨三个阶段。各个阶段的评价方式、评价内容虽然都存在一定程度的差异，但发展学生身体素质与身体机能的评价目标总体上是一致的。在国家政策密集出台、全体社会广泛关注的背景下，学生体质健康评价体系效能仍有待提升。

1. 评价理念陈旧

评价理念直接影响着评价体系的成效，对于评价者与被评价者思想上都起着重要的引导作用。青少年体质健康促进工作的国际趋势是以终身体育和终身健康为最终目标的，即通过学生体质健康评价体系，对学生身体机能、身体素质、运动技能进行全方位评估，在建立学生体质健康数据库的基础上，运用信息化、人工智能等现代化手段，全面跟踪与监测学生体质健康状况，并实时反馈给学生与家长，根据个体差异，调动家长、社区、学校等多方力量，形成个性运动处方，鼓舞学生参与体育锻炼，倡导其形成终身体育锻炼意识与健康生活方式。我国的评价体系着重对学生体质健康状况进行宏观掌握，测试结果反馈到学生环节也只是简单的级别评定，于学校而言只是单一的数据上报与应付学校体育工作检查，于决策部门而言仅限于未来测试标准的顶层设计，进而导致学生面对体质健康测试力求及格、学校体质健康测试例行公事、决策部门情况掌握不真实等情况的产生。

2. 评价方式简单

评价方式是指评价者基于评价目标，采取常模参照或者标准进行评价，主要有过程性评价、终结性评价等方式。我国的学生体质健康测试采取每名学生每个学年评价一次的方式进行，应用终结性评价，根据《国家学生体质健康标准》(以下简称《标准》)评定学生测试等级。这种评价方式达成了《标准》的评价功能，但是忽视了体质健康测试的反馈调整、监测干预、引导锻炼等功能。终结性评价所得到的总分与等级在一定程度上反映了学生的体质健康强弱水平，但仅凭一次性的强弱反馈无法使学生产生紧迫的心理冲击效应，其对于自身健康的关注与进一步锻炼行为的产生也就无从谈起。因此，只有真正站在被评价者的位置，通过评价传递学生想要的健康信息，才能激活其对于体质健康的过程性关注，挖掘体质健康评价背后数据的多重含义，而这单靠一年一度的终结性评价是无法达成的。

3. 评价体系缺陷

评价体系的科学、成熟与否决定着体系效能的大小。从系统论的角度来看，一个完整的体质健康评价体系应是一个包含体质健康测试、体质健康评价、测试成绩反馈、干预方案实施的完整闭环。但对照我国当前体质健康评价体系来看，大部分仅停留在测试与评价环节，运动干预、成效反馈等环节基本处于缺失状态，尤其是运动干预环节的缺失，是导致评价体系效能低下的重要原因之一。从评价体系的评价环节内部指标来看，围绕身体形态、身体技能、身体素质三个方面，设置了一系列测试项目，但是其指标的均衡性和全面性有待商榷；从均衡性来看，存在全段反映平衡素质的测试指标缺乏、女生上肢力量评估指标缺乏等；从全面性来看，存在反映学生脊柱健康状况的评价尚未纳入、运动技能方面的内容同样未能成为评价项目之一，这对于体质健康测试评价体系来说是一种缺失。

(二)学生体质健康评价的价值趋向

青少年体质健康水平下降俨然已经成为全球面临的紧迫性问题之一。世界各国在积极探索科学的体质健康评价体系，首先是突破了传统

第八章　家校共育视野下提升青少年体育核心素养

的体质健康评价理念,其次是关注评价数据背后的深层含义,最后是关注基于系统观念的完整评价体系的构建。

1. 关注学生体质健康的过程性发展

基于传统体质健康测试结果应用功利化的特征,"以人为本"、关注学生体质健康过程性发展,通过过程性监测与诊断,在动态的干预中实现全过程的、持续的改进体质健康等先进理念成为共识,体质健康发展性评价应运而生。发展性评价产生于我国新一轮基础教育课程改革的实践,它区别于选拔性评价和水平性评价,注重诊断、激励和发展,其目的在于更好地促进学生的成长,促进教师教育教学水平的提高,促进整个学校发展。相比于传统的终结性评价体系,发展性评价体系本质上追求的是学生的全面发展,突破了传统的评价过程中线性思维的束缚,力求在评价过程中建立动态的、全过程的、持续的、多元的新型思维模式。

2. 注重评价的应用与数据挖掘

从学生的学业评价、教师的绩效评价,再到学校的发展评价、政府的政策评价等,评价基本覆盖了教育的全领域。对学生的评价基本分为两种:一种是过程性评价,另外一种是终结性评价。虽然评价的方式不同,但是评价本身不是目的,而是一种方法,是为实现教育的目标服务的。当前的体质健康测评体系正是过度强化了其终结性评价,忽略了体质健康监测与干预的过程性评价,致使评价的诊断、导向、发展、管理等多项功能发挥受阻。综合国内体质健康测评最新研究与国际发展趋势,评价的应用与数据挖掘是未来体质健康测评的关键领域,同时体质健康测评工作常态化亦在深入探索中。

3. 注重完整的评价闭环构建

评价体系的缺陷严重影响体质健康测评体系效能的发挥,在教育现代化背景下,坚持系统观念,注重完整评价闭环的构建,有助于分析学生体质健康测评过程的内在机理,实现体质健康测试标准设立的初衷,这也是世界各国在构建体质健康评价过程中所着重关注的。不管是从系统观念还是从健康管理的角度来看,体质健康测评应是对学生个体所进行的全面监测、数据分析、整体评估、提供指导、运动干预的全过程,即完整的体质健康评价体系应该为一个由"体质健康监测—体质健康评价—体质健康反馈—体质健康干预"四个部分组成的闭环生态,并充分利用大数据平台、人工智能等信息化手段,实现持续的评价,动态监测学生体质健康发展水平,畅通学生、教师、家长、学校等多个环节的数据共享与交流。

第三节 健康中国背景下青少年体育素养提升的困境

一、社会体育制度相对落后,社会体育文化氛围匮乏

自新中国成立以来,我国颁布了《准备劳动与卫国体育制度》,并且不断修改形成《国家体育锻炼标准》,虽然体育制度在不断完善与发展,但是与欧美国家相比仍有一定的差距,美国的社会体育制度由职业体育、业余体育、学校体育及体育产业等几方面组成,其中"法治"理念贯穿制度始终。我国的体育组织成立时间较短,社会体育制度与欧美等国家相比呈现不足。此外,体育赛场中出现的负面情景也对青少年体育精神的培养产生影响。并且,我国的居民收入与欧美国家有一定的差距,个人投入体育运动中的时间和资金占比较小,个人体育意识较低,在社会中没有形成较好的体育文化氛围,影响青少年体育精神的形成。

二、体育基础设施落后,体育场地匮乏

体育设施是培养青少年体育精神的基础,丰富、良好的体育场地设施能够激发青少年参加运动的兴趣,形成良好的体育氛围,培养青少年体育精神。现如今,我国体育基础设施出现设施落后、场地利用率低、器械设备匮乏、人均场地不足等问题。我国青少年人口众多,不断增长的青少年人口与落后的体育基础设施之间形成了矛盾,这个矛盾影响着青

第八章 家校共育视野下提升青少年体育核心素养

少年体育精神的培养。此外,我国体育场地多是利益化场地,承担着多种用途,锻炼场地成了收费场地,对于还未有收入的青少年也是一种阻碍。学校场地归学校管辖,有些学校领导害怕学生在运动过程中受伤,所以对体育场地设施实行封闭化管理,实行"不进入,不使用,不损伤"的原则,造成学校体育场地设施的浪费,使得学生无法进行体育运动,影响青少年体育精神的培养。

三、学校重视程度不足,体育文化氛围缺乏

在教育过程中,很多地区学校对素质教育仍然重视不够,相比于素质教育,分数教育显然更符合学校领导的思想,将素质教育停留在校园文化方面,与教育教学过程脱节。兴趣是学生进行体育运动的重要因素,由于学校教师的素质教育观念贯彻不到位,学生没有理解体育的价值与意义,没有形成对体育运动的兴趣,体育精神呈现严重不足。

四、家庭思想观念落后,体育精神教育不足

进入 21 世纪以来,家庭对读书的认知越来越重视,读书成才的思想观念在家庭教育中占据重要地位,在家庭教育中并未包含体育教育的内容。家庭体育是青少年体育精神教育的重要内容和形式,但是受当今时代生活节奏快、压力大、学生学业繁重等特点影响,家庭体育行为较少,有体育行为的家庭在体育活动参与频率与时间方面也呈现低下的特征,并且将体育精神的培养寄托于学校体育活动中。调查显示,部分家庭只认识到家庭体育中强身健体、促进感情、促进家庭和睦的价值,并没有认识到家庭体育对青少年体育精神品质教育等方面的价值。此外,家庭中父母的言传身教对青少年具有引导作用。社会生活压力的不断加大,使得父母参加体育活动的时间减少,父母的体育素养较低,在家庭体育教育方面呈现教育不足现象,父母对青少年体育课业不重视,从而影响了体育精神的培养。

第四节　家校共育视野下提升青少年体育核心素养的途径

体育核心素养培育不是一个简单的培养过程,而是思想的一个长期的、可发展的转变。在家庭中萌芽,学校是直接培育的场所,最后还要在社会中不断完善与发展。[①] 因此,学生体育学科核心素养的培养从来都不是社会、学校或教师等某一方面能决定的,而是需要从社会、学校、家庭和学生等多个方面共同入手。

一、学校层面

学校应从体育教学、课外活动、课间操以及体育竞赛等方面入手,培养学生的体育学科核心素养。

(1)在体育教学方面,学校是学生体育学科素养培养的主要场所。

学校首先要树立"健康第一"的指导思想,落实国家、政府关于体育课程方面的政策,保障开齐开足体育课,只有保证了体育课的数量,才能落实到体育课的质量。

其次,要确保体育教师拥有最新的体育教材,让教师能够充分了解到体育课程的最新发展现状,根据自身实际情况将学校传统体育项目或体育特色课程纳入课程学习中。

最后,学校还要加大对体育教师职业技能、体育学科核心素养知识与技能的培养力度,将体育教师培养成守初心、又细心、有恒心且耐心的合格的教师。

(2)课外活动方面,学校可以根据体育教师专业情况以及学生的学习兴趣与爱好,开设篮球、足球、排球等一系列体育兴趣班,并且在固定的时间请校外专业教练或学校可以胜任相关项目的教师对学生进行培训,不断培养学生对体育的兴趣。

---

① 陈晓静.基于体育学科核心素养的培养对邛崃市小学体育教学的现状调查与对策研究[D].成都:四川师范大学,2021.

第八章　家校共育视野下提升青少年体育核心素养

（3）课间操方面，课间操的开展是学校必不可少的环节，在课间操的组织中，可采用多种体育活动相结合的形式，也可以采用网上较流行的体育活动、舞蹈、音乐等，同时还可以坚持传承地方文化特色、学校传统体育项目等。总之，课间操的组织形式不是一成不变的，学校可根据自身条件开展形式多样的课间操，这样不仅能起到很好的锻炼效果，还能激发学生的锻炼兴趣，养成锻炼的习惯。

（4）体育竞赛方面，学校要积极组织并开展体育竞赛以及组织学生参与县、市、省等举办的各类体育活动，如在校内举办的运动会，学校可以制作精美的奖状、奖牌等作为学生的奖励。校外的体育竞赛要设立专项经费确保竞赛参与。

二、教师层面

（1）体育教学内容的选择，不仅要满足基本原则和客观因素，还要符合运动能力与习惯、健康知识与行为和体育情感与品格三方面。而且，不同地域与不同性别的学生的体育学科核心素养的培养不同，在进行内容的选择时，教师要充分考虑学生的群体、年龄、身体状况、心理健康、学生已有的知识储备以及学生的兴趣爱好等因素。体育教学中，学生尊敬教师，教师也要尊重学生，友好地看待学生的成长与发展，建立平等的师生关系。

（2）体育教师在教学中要不断更新教学方法，合理运用自主学习、合作学习和探究式学习等方法，将多种多样的教学方法常化于平时的课堂教学中，激发学生的学习兴趣，培养学生的终身体育锻炼意识。

（3）教师在进行教学评价时，要改变传统的只重视技能和认知的评价方式，将单一的评价方式向多元化转变，多注重在体育活动中学生的健康行为和体育品格的发展。

三、社会层面

（1）根据社区基本情况，提高运动场所的利用率。在运动场所周边设立专门的体育器材租（借）室，为学生的体育运动提供体育器材，提倡父母带孩子一起运动，提高体育运动场的利用率，同时营造社区体育锻炼氛围。

(2)开展社区内亲子体育活动、社区内学生体育比赛等形式的实践活动,让学生积极参与到社会体育活动当中去,还可以开展社区与社区之间的各项体育竞赛等,培养学生的体育锻炼兴趣。

四、家庭层面

(1)家长要从自身做起,首先改变自身重文化轻体育的思想,思想改变了才能促进学生积极参与体育活动。

(2)家长要与学校合作,积极鼓励、支持并督促学生参与社区、学校或其他机构组织的体育活动,还要督促学生完成体育作业,改变重文化轻体育的思想观念。

(3)家长作为学生的第一任教师,家长的行为直接影响孩子的行为,为鼓励学生积极参与到体育活动中去,家长可以以自身行动促进学生习惯的养成,带领学生一起参与到体育活动中去,和学生一起锻炼。

五、学生层面

学生要积极主动地了解体育学科核心素养,重视正确的运动能力与习惯、健康知识与行为以及体育情感与品格对自身的价值与作用,并且积极参与到体育学科核心素养的培养过程中去,培养自身体育锻炼兴趣,养成体育锻炼的习惯。

第九章　家校共育视野下提升青少年审美素质

随着素质教育改革的推进和深化,"家校互动"在基础教育中的重要作用逐步体现出来。具体就美术教育而言,当前的家长整体素质比以往有很大提升,但传统的教育观仍然有一定影响,相当一部分家长认为美术课程建设是学校和教师的事情。家长大都只关心孩子美术学习的结果,主要包括成绩测评、实际技能和作品评价。家长的自我定位不清晰,在青少年的美术教育和学习中认为自己只需配合完成学校教师的安排,而没有意识到自己也是美术教育中的一员。总体来看,只靠学校教师的教育显然不够,如果家长对全面发展的重要性认识不足,不能有效参与和配合教育,青少年会出现某方面素质的短板。所以,借助家校共育形式对促进青少年艺术素养的提升和全面发展具有积极影响。作为教育关键要素的家庭、学校和社会,其中任何一个要素的缺失或要素之间不协调,都会对未成年人的发展产生消极影响。因此,本章对家校共育视野下如何提升青少年审美素质进行研究。

第一节　美术教育的相关内涵

一、美术教育的含义

美术教育是美育的主要途径,是以美术作为媒介的文化教育活动,是审美和教育的结合。随着社会的变革、科学的发展、文明的进步,美术教育所要面对和解决的是更广义的美以及审美情感的问题。它不仅仅是作为德育的一种手段,同时还具有理性的社会意义。其主要目的是发展和延续美术文化,传播社会知识,满足人类社会经济、精神文化的需求,培养健全的人格,形成人的基本美术素养,促进人的全面发展。

第二节 青少年的心理发展与艺术表现

一、青少年的心理发展

在发展心理学中,皮亚杰认为,从11岁至15岁是心理发展的形式运算阶段,称为青年的准备阶段,即前青春期;15岁至18岁称为青年期,是个体进入成人社会的时期,这一时期是从童年向成年的过渡时期,意味着由依赖成人生活的孩子转变为独立生活的成人的发展过程,是人一生中具有重要意义的时期。这一阶段青少年在生理、心理方面发生着巨大的变化。

青少年的艺术发展,根据罗恩菲德的意见,11岁至13岁为拟似写实期,该阶段为即将来临的青春转折点的准备阶段;13岁至17岁为写实决定期,是创造活动中的青春期危机阶段。因此,我们将11岁至16岁这一青少年艺术发展阶段称为"转型期",面对青少年的"转型期",我们应给予足够的关心和重视。青少年参加绘画活动,不仅有利于继续开发潜能,也有利于进一步发展智力、情感、能力和人格特质。

青少年艺术的转型并不是一个不可逾越的阶段,顺应和处理好这一阶段的发展特点,帮助他们走出困境,正是我们要研究和试图解决的问题。青少年期是认知发展的重要阶段。根据皮亚杰的理论,11岁至15岁的心理发展叫作形式运算阶段,是产生假设—演算推理的思维时期。这一时期他们在认识技能方面已有很大发展,开始从儿童那种主观的、自我中心的、简单片面的、表面的、孤立的认识,发展为较为真实、客观、全面的思维方式。他们思考问题已经有了一定的独立性、抽象性和逻辑性。他们在解决问题时,会假设多种可能,进行归纳、推理,进行系统化的组合、排列、分析,会运用逆向思维分析问题,并能有计划、有策略、有效地处理信息。青少年自我意识的发展是个性发展的重要前提之一,也是进行自我教育的基础。美术教育尊重青少年的个性发展,是以人为本教育理念的重要体现,对于自信心不足的青少年,教学中要重点注意提供适当的支持。

二、青少年的艺术表现

青少年的艺术表现是艺术发展中的过渡阶段。他们开始脱离儿童那种无意识的绘画方式,也不能向成人那样去画。他们的艺术创作无论题材内容、表现形式、专业技能等,与童年时期相比,都有了明显的变化。

例如,"转型期"的青少年开始能客观地观察物象。在写生中,他们喜欢描画细节,较真实地表现物象特征,创作多以自身生活经验为依据,画面真实、具体而生动。青少年的思维能力较童年时期有了本质性区别,他们已经具有较真实、客观、全面的思维方式,有了一定的独立性、想象性和逻辑性。另外,这一阶段青少年思维发展还不太成熟,看问题容易偏激,仍带有明显的表面性和片面性。并且在绘画中开始关注艺术的形式。另外,青少年处于转型阶段,他们在创造力的发展方面既不同于儿童,也不同于成年人。

首先,青少年的创造力发展更多地带有现实性特点。他们的艺术创造想象由幻想变为现实。

其次,这一时期青少年创造力的发展主动性和有意性在增强。他们勇于克服困难,并能主动提出新问题。

最后,这一阶段青少年创造力的发展更为成熟。

随着他们知识、经验的不断提高及创造思维能力的发展,青少年在创造力的深度、科学性、艺术表现形式方面大有进步,创造意识更强烈,思维更敏捷,热情更高。

第三节 美育视角下加强青少年美术教育的意义

一、激发青少年学习美术的热情,培养绘画兴趣

兴趣是青少年学习的动力,只有当人对一件事产生兴趣之后,才会自主地进行学习、探索。由此可见,激发青少年对美术、绘画的学习兴趣

和学习热情,对培养青少年的创新思维和创新能力起着积极作用,所以教师应当在教学过程中探索如何激发青少年对美术、绘画的兴趣,提前制订合理的教学计划,并要在教学过程中结合实际情况及时调整教学方案,如可以借助一些课堂游戏、教学辅助工具等活跃课堂氛围,让青少年的注意力能一直在课堂上,避免出现青少年注意力不集中的情况,然后可以在课堂上画一些简单的范图,让青少年对美术课逐渐产生兴趣。

二、拓展欣赏范围,开阔青少年视野

想要培养青少年的创新能力就要不断丰富青少年的视野,让他们接触到的作品尽量有更多的风格或特色,只有见识到的作品风格足够多样,才有可能学会从更多的角度去发现问题、思考问题,也只有了解的东西足够多,才会有更多的灵感去进行创作,创作得多了,青少年或许就会在创作中找到乐趣,进而创新能力也会得到不断提高。

第四节　家校共育视野下提升青少年审美素质的途径

一、家校共育参与美术教育的可行性分析

(一)学校美术教育的特殊性

就学校美术教育来说,一般是常规美术教学。因为属于专科类别,所占课时量比重较小,每周平均两个课时,且都是正常授课时间,此时大多数家长也都在忙于自身工作,直接参与常规教学不现实。而校外美术机构通常以美术培训为主,这种培训每周的课时量比较少,且集中在晚上或周末,家长一般有时间来参与。兴趣班的单位时间相对短暂,家长们在送孩子来上课后,都在忙什么?研究调查表明,在孩子上课期间,多数

第九章 家校共育视野下提升青少年审美素质

家长在玩手机,少数在看书和杂志,部分家长会通过监控看教师和孩子上课。① 所以,针对让家长参与到课堂中来,实现孩子、家长、教师共成长这一问题,有的培训机构做过调查。在调查中,有的家长们表示想参与到美术课堂中来听课或者和孩子一起画画,体验亲子合作的乐趣,也有的家长表示无所谓,教师要求才会参与。从中可以看出,让家长们进一步参与美术课堂的可能性很大。

由此看来,学校常规美术教育相对于校外美术培训机构在让家长参与教学这一问题上存在更多的困难和限制。因此,如果学校的美术教学要实现家校共育,需要有效的策略、合适的时间点以及更加完善的方式方法。

(二)个性化教育因素

近年来,我们国家的经济发展迅速,很多城市居民的生活已达到小康水平。由于过去的美术教育不够发达或因经济不允许等情况,阻碍了很多人对美术的追求。当前,家长们的文化素质普遍提高,具备理解各种基本知识和现象的能力,同样对美术与美术教育也会有足够的理解力,对教育的认识也从以前注重道德教育、智力教育转向注重身体素质、审美教育等全方面发展的教育。如果让家长参与教学,不但能够让孩子感受到父母的积极态度,从而提高孩子学习美术的动力和兴趣,同时家长也能学到相关的美术知识和技能,理解前沿的美术教育理念,在课堂上促进孩子美术学习的发展,在家里支持或指导孩子的美术学习。反过来,如果他们的审美素养得到提高、观念逐渐进步,也会促进了国民素质的提升。

现在是知识经济时代,它建立在知识积累的基础上,引起了人类生产方式、生活方式、思维方式和教育方式等的深刻变革。知识经济时代必然会淘汰工业经济时代的人才培养模式,以发展培养自由和创新能力为中心的个性化教育是社会教育发展的必然趋势。个性化教育要求教师根据青少年的需求量身定制个人美术学习计划,苏联教育家苏霍姆林斯基曾讲过:生活向学校提出的任务变得如此复杂,以致如果没有整个社会,首先是家庭高度的教育素养,那么不管教育者付出多大的努力,都

---

① 田瑶. 当代高等美术教育中的问题及对策研究[D]. 武汉:湖北美术学院,2021.

收不到完满的效果。因此,仅靠教师进行个性化教育是不现实的,只有教师和家长同心协力,才能满足个性化教育的需求。

二、美术教育中家校共育的前提条件

(一)学校、教师与家长明确美术教育的目的

素质教育的实施把美术教育带到了新高度。而美术教育的根本在于培养青少年的审美观,包括感受美、欣赏美和创造美。新的教学大纲指出,应充分发挥美术教学陶冶情感的功能,努力培养青少年健康的审美情趣,提高青少年的审美能力。

学习美术不要仅局限于技能训练,更要强调其中的文化内涵,体验美术的精髓。因此,美术教育的目的并不仅仅是使青少年学习某种美术技能,画出一幅美术作品或认识某件艺术作品,了解一些美术知识,而是应该使青少年保持想象力与创造力,具有探索的意识,使之成为具有全面协调能力的人。美术教育的目的不是为教授美术而教授美术,不是为了有艺术天分的人而存在,而是为了培养青少年发现美、创造美的能力,是为了培养青少年的表达能力、想象力与创造力。美术教育活动是一种满足青少年感受美的需要的情感教育活动,只有学校、教师及家长共同明确美术教育的目的,才能正确引导青少年学习美术。

(二)家长参与美术教学的原则

坚持以孩子的成长为中心,教育的目的是促进青少年的发展。家长参与美术教学的主要目的是发挥自身优势,拓宽孩子在学校教育之外的美术世界,带给孩子不一样的内容。教育越是能促进孩子的发展,家长们的积极性就越高。应坚持以家长的成长为从属,在教学中,虽然孩子的发展固然是最重要的,但家长如果能够了解美术知识、提高审美修养、获得基本的美术技能,青少年的积极性就会更高。青少年对家长存在较强的依赖心理,在无助的时候会习惯于求助家长,但是家长应该着力于培养孩子的自主性,以便养成好习惯。

家长参与美术教学应在不影响自身工作的前提下,与学校、教师达成时间、内容上的统一观念,应参与学校的相关教学培训,在教学过程中

和学校教师的密切配合。

(三)选择适合青少年身心发展的美术教学的内容

家校共育无疑带给了青少年丰富的美术知识。家长发挥自身优势及资源在知识面上进行拓宽,而教师则可以除了常规教学之外,发挥自身专业优势,在技能技法以及专业性上让青少年得到提升。

美术教育的内容包括绘画、手工、欣赏三大门类,在常规课堂以基础技法和知识的教学为主,存在思维锻炼和情感体验不足的问题,因此美术教育内容要充分与自然、社会和家庭融合,促进青少年发现生活中的美,满足素质教育的要求,充分理解与尊重孩子的想法与情感,让其主动探索和发现,促进每一名青少年的个性化发展。

(四)选择恰当的美术教学的方法

美术教育应以引导为主,引导青少年感受生活中的人、事、物,发挥其主观意识,不强加家长和教师相对固化的思维,结合讲故事、做游戏和欣赏实践等方式激发青少年对美术的兴趣,引导青少年利用身边可用的工具或材料进行各种尝试。

(五)教师与家长对美术作品进行合理的评价

教师与家长应从青少年的视角来看待他们的美术作品,在评价之前,先要仔细了解其想法,他们可能会以特有的图形和色彩来表达自己的情感和想法,教师与家长既要学会表扬优点,也要对其不足之处多引导和鼓励,这样才能让孩子保持对美术创作的热情。

三、发挥新媒体艺术教学的优势,构建美术教育新模式

新媒体艺术教学较传统美术教学实施难度大,对学校硬件、软件要求较高,故开展此类课程要根据实际情况进行教学设计,根据新课改要求,强调教学优化设计的科学性,结合学情采取难度适中、易操作、易达成的方式完成教学任务。

首先,新媒体艺术教学是建立在以感知视觉形象、理解视觉形象和

创造视觉形象为基本目的的教学形式,通过艺术作品,使青少年在作品中领会思想情感和审美性,提高青少年学科知识与社会生活的联系,既满足精神上的给养,也可提供物质上的实质需要。

其次,掌握多元形式的视图表达和交流的技巧,构筑新媒体艺术思考方式,学习新媒体艺术中蕴含的人文性和独特性,树立具备现代的、良好的审美品位,培养符合新课改要求的艺术素养。

最后,根据实际教学需要及学情,从核心素养目标入手,使青少年能够熟练运用新媒体艺术来进行创作,通过新媒体艺术创作的形式,培养青少年的实践和创造力,发展形象思维能力、表达与交流的能力。

第十章　家校共育视野下提升青少年创新能力

创新能力是一项极为重要的能力,小到个人、大到国家,其都发挥着重要的影响。从个人角度而言,拥有优秀的创新能力可以帮助其在人群之中脱颖而出、领先于他人,在竞争激烈的现代社会立足;从国家角度而言,拥有优秀的创新能力可以使得该国在国际社会中不受或少受技术制约,在科技领域中自由、长足发展。而创新能力的培养,则需要从小就开始进行。这就需要家庭与学校的合作共育。本章就对家校共育视野下如何提升青少年创新能力进行分析和研究。

第一节　创新能力的相关内涵

一、创新能力

对"创新能力"概念的表述,研究者的观点主要分为以下三种。

一是从心理学的研究视角入手,认为"创新能力"等同于创新力、创造力、创新性、创造性等概念,是"人类心理机能的高级表现",即认为创新能力是一种特殊的心理品质,指导人们在实践生活中获得创新成果。在研究过程中该观点逐渐分化为强调过程、成果、个人动机、环境这四种研究体系[①],并强调包括创新思维和创新人格。

二是从教育学的视角入手,认为创新能力是青少年积极主动寻求创

---

① 姜丽华. 学生创新能力培养与教师文化构建[M]. 北京:中央编译出版社,2016.

新方法并能够创新性解决问题的能力,具体包括创新思维、创新人格和创新技能。

三是从创新能力的结构入手,认为创新能力"是智力因素与非智力因素结合的综合表现结果",尽管在具体结构上研究者的观点不尽相同,但普遍认为专业知识、创新意识/动机(创新人格)、创新思维是创新能力的基本要素。

本书采用教育学的视角,将创新能力界定为:青少年积极主动寻求创新方法并能够创新性解决问题的能力,包括创新思维、创新人格和创新应具备的专业知识和技能。其中,创新思维(innovative thinking)是"人脑对客观事物创新性的概括反映"[①],在创新能力的构成要素中处于核心地位。创新思维是一种综合性概念,包括发散思维(又称辐射思维、求异思维、扩散思维),聚合思维(又称辐合思维、集中思维和收敛思维)等。它的表现形式或具有"冲动性",如灵感、直觉等,或具有"批判性",如反思、质疑等。创新人格(innovation personality)是"具有进行创新活动倾向的各种心理活动的总和",是一种积极追求创新的心理特征,包括创新意识和创新精神。创新意识是人脑受到外界事物不断变化的刺激,产生自觉主动想要改变外界事物客观状况的创新意愿和革新欲望,由好奇心、求知欲、怀疑感、问题意识等因素组成。创新精神是创新活动完成过程中的支柱和动力支持,它是人们在解决问题的过程中敢于提出质疑、勇于革新创造、乐于突破自我的一种心理特征,也可看作是创新活动中不满足于已有现状,并积极要求运用知识和方法提出新的规律的意志、勇气、信心等,以及专注于完成突破的人类所独有的心理特征。创新应具备的专业知识和技能是创新能力发展的基础,是指有助于创新活动开展的知识和技能。知识是人类在生产实践中产生的经验认知,技能是对知识的获得、认知、使用和转化。创新应具备的专业知识和技能是青少年自我建立"逻辑联系"的知识体系,并能够将其转化为一种有利于创新活动开展的能力。

二、创新能力培养

教育、培养和培育是三个既有联系又有区别的概念,"教育"是培养

[①] 郑金洲. 创新能力培养中的若干问题[J]. 中国教育学刊,2000(1).

第十章　家校共育视野下提升青少年创新能力

人的社会活动,可以理解为一种自上而下的、可以使受教育者通过模仿而"成善"的活动。"培养"是使受教育者掌握知识和技能,并能够在此过程中,形成自身道德品质和能力发展的过程,既包括客观环境对受培养者进行引导和能力培训的过程,也包括主观意识在此过程中自主形成的成长意愿和养成的学习习惯。"培育"基本与"培养"的内涵相同,在创新能力相关的研究和实践中,通常情况下"培养"也等同于"培育",本质上没有区别。"育"与"养"都重视内在的生长和发展的力量,但是"养"不仅包括"育"的概念,更强调了"积累""保持"和"助长",因此本书采用"培养"的概念。[①]

综合"创新能力"和"培养"的概念界定,本书将"创新能力培养"界定为:通过创设良好的客观环境对青少年进行培训和引导,使青少年掌握创新性解决问题的能力,并在此过程中形成自主寻求创新的意愿和习惯。

第二节　青少年创新能力适宜培养的时期

中学阶段是创新能力培养的关键时期,本节就对这一关键时期展开分析。

一、中学阶段是青少年创新能力发展的快速上升期

中学阶段是儿童走向成熟的阶段,是心理发展开始趋于稳定的时期。这个时期的青少年已经开始形成了对周遭事物的独特想法,有自己看待世界的独特角度,具有其自身特殊的规律。各个阶段因青少年自身身心发展的具体状况、认知水平的高低以及教育阶段的不同要求和特点,对于青少年创新能力培养内容和方式上侧重点有所不同,青少年自身的创新能力也呈现不同的发展特点,把握青少年的创新能力发展的特点可有效促进青少年创新能力的形成和发展。

[①] 南洋. 中学生创新能力培养的问题研究[D]. 沈阳:沈阳师范大学,2019.

纵观对创新能力培养方面的研究,可以发现个体创新能力的发展是一个随着年龄增长而逐渐趋于成熟和完善的过程,但这一过程不是简单上升的直线,而是曲折向上的波浪线。所谓波浪线,就会有高峰和低谷,有上升和下降,体现在创新能力的发展上就是有高潮期和低潮期、上升期和下降期。而在中学阶段,青少年的创新能力呈现螺旋式上升的趋势,较之小学阶段上升的速度更快、变化更多。快速上升基本开始于初二(15 岁左右),并逐渐上升至中学阶段的第一次高峰,随后在初三和高一阶段呈短暂的下降趋势,完成第一次创新能力发展的高潮期。而后在高二阶段再次快速上升至第二次高峰,并较之前创新能力发展更为突出,高三会略有回落,完成创新能力发展的第二次高潮期。

青少年身心特点逐渐靠近成年人的特征,但是又比青年人的经历更加旺盛,最为突出的是好奇心和求知欲表现得更为强烈。如此突出的特点和旺盛的精力,决定了中学阶段是创新能力发展的最好时机。在中学阶段,创新能力的发展开始趋于创新思维和创新人格的形成,以经验型为主的抽象思维的认知方式初步发展并开始占据优势地位,学习的动机与方法也逐渐趋于主动。随着学习的深入,青少年的创新能力不断发展,并具有主动性和有意性的特点,青少年开始主动寻求新思路、新方法,能够运用自己的创造力去解决新问题。把握中学阶段创新能力发展的快速上升期,不仅仅是强调培养创新能力的时间问题,更重要的是要有针对性地培养创新能力构成的具体内容。

二、中学阶段是青少年创新能力培养的最佳时期

创新能力是一种复合能力,包含创新人格、创新思维和创新应具备的专业知识和技能,这三者不能割裂开来单独培养,而是要相互协调、互为促进。中学阶段青少年的自我意识开始觉醒,批判思维、辩证思维等也有了显著的发展,个体开始迈向"成熟"的蓬勃式的成长。在心理发展的方面,思维方式和人格发展出现了异于其他能力要素的明显特征,即人格形成的加速期和思维发展的高峰期。把握中学阶段创新人格和创新思维形成的"最佳时期",有针对性地培养创新人格和创新思维的具体内容,使未来高等教育阶段创新能力的发展和青少年创新成果的转化达到"事半功倍"的效果。

第十章　家校共育视野下提升青少年创新能力

(一)促进创新思维的有效发展

"思维"是人脑对于客观事物的映射、复现、凝练与结晶的思虑活动。思维是人类看待问题、解决问题的方式,所以说具有创新性的思维,就会用创新的眼光看待问题,以全新独特的方式解决问题。具有创新思维可以让青少年能够突破常规的思维方式的束缚,积极主动寻求独特创新的解决问题的方法。创新思维是一个综合性的概念,包括逻辑思维和非逻辑思维、反向思维、形象思维、抽象思维、多向思维、批判思维、收敛思维、发散性思维等,但主要是发散思维和收敛思维的辩证统一。

每一种思维的形成发展都有其发展的关键时期,中学阶段对于创新思维的形成来说,具有重要作用,是其发展形成的高峰期。创新思维并不是与生俱来的思维能力,人们在后天接受的教育中,将已有的社会经验进行有效"扩展、修正、联结"时,创新思维才会产生。也就是说,所谓的"直觉"并不是毫无根据的,它是人们长期对已有社会经验的发散思考、反复修改、相互联系后得出的"突然想法",看似毫无根据,但是其来源于实践经验的积累。对于创新思维的形成和发展首先就是要在中学阶段,分层培养青少年的思维方式,促进青少年创新思维的形成。

首先就是最基本的逻辑思维,即在创新活动中人们是按照一定的阶段性来思考问题的,表现出具有逻辑性的思维步骤。逻辑思维逐步引导青少年对已有问题运用概念、做出判断、逻辑推理,最后得出结论。但是仅仅训练逻辑思维还不够,还要训练青少年的直觉思维能力。直觉思维是不受逻辑推导规律所限制而能够直接领悟问题本质的一种跳跃性思维。其次就是关键的发散性思维和辐合性思维,正如一些心理学家所指出的:在创造性思维中,"发散"和"辐合"的结合是分析到归纳的过程。创新实际上是从发散到辐合再到发散的多次循环过程。在这个过程中,发散阶段起着关键性的作用,是创新的触发剂,但离开辐合的过程,发散最终可能是一无所获的。在中学的教育教学过程中,青少年是主体,教学活动的开展要以青少年的认知为前提,青少年的认知规律决定教学活动开展的程度。创新思维可分为三种不同的层级结构:批判—反思—开拓。这三个层级形成了一个由易到难、由低到高、由具体到抽象的创新思维结构体系。而在中学的教育教学过程中,应逐步提升青少年的认知层面,提高青少年认知的程度,以此来促进青少年创新思维的有效发展。

(二)保障创新人格的加速形成

青少年的创新人格不是天生的,是通过后天培养的,其中关键在于为青少年提供合适的教育环境。创新能力培养的内容和方式,主要是针对青少年的身心特点而确定的,在中学阶段,青少年刚刚平稳度过儿童期,刚刚进入少年期的少年们正值青春懵懂,身心都发生了巨大的变化,并且变化得非常快,青少年自己也并不能很好地控制和捉摸,甚至会让青少年产生一定的恐慌,在这一时期,青少年将从儿童阶段对家长和成人的依赖和完全信任中摆脱出来,并逐渐形成自我精神上的独立和自由,有的青少年会出现叛逆的心理。但是对于这一表现,我们不能一味地否认它的消极影响,要认识到这一"反抗精神"背后的积极意义,并引导青少年在这一加速期完成创新人格的形成。

创新人格是青少年积极寻求创新的心理特征,主要包括创新意识和创新精神。创新意识是青少年创新的意愿,由好奇心、求知欲、问题意识等因素组成。问题意识是创新能力发展的起点,如同创新活动的开关,青少年具备问题意识则能产生创新意识,具有创新意识则能够运用创新思维来思考问题,并动手解决问题,从而具备创新能力。而问题意识的起点在于好奇心和想象力,初中生刚刚完成小学阶段的教育,年龄偏小,认知水平有限,虽然相较于小学阶段的儿童具有更强的思维能力和学习能力,但是好奇心和想象力也是十分"脆弱的"。在这个过程中,学校、教师和家长起着非常重要的作用,主要体现在支持青少年对已有问题产生疑问,支持青少年积极探索新的路径,为青少年营造轻松的学习环境、宽松的学习氛围,支持创新的行为,让青少年有勇气提出问题,敢于面对创新路上的挫折。好奇心和想象力是创新能力发展的开端,没有对事物的好奇心和想象力就没有创新的眼光去看待问题。

高中阶段的青少年认知水平和知识储备相较于初中阶段都提升了一大步,这不仅是因为前期义务教育阶段知识与能力的培养,也是因为生理和心理上的成熟。这一时期是培养青少年自我教育能力的重要时期,也是重要的加速阶段。教育在这个过程中,要积极地帮助青少年形成正确的自我认识和自我调节的能力,要树立青少年的信心和促进他们对学习的热爱。高中阶段是青年期的早期阶段,青少年开始逐渐在自我的精神世界构建自己的世界观、人生观、价值观,并且开始对自己的未来

第十章 家校共育视野下提升青少年创新能力

有了规划和期望。这是人生定向的一个重要时期，我们人生中许多重大的决定都是在这一阶段做出的。

因此，这一阶段对青少年创新能力的培养重点在精神世界和对能够改变外界事物的实践能力的培养。创新精神是一种想要突破、改造、革新的意志和精神。实践能力是对创新能力的物质转化。在学校里，对于青少年来讲最重要的就是学习，这是青少年掌握知识和提升能力的主要手段。虽然学校的主要活动是教学，但是青少年最终的知识积累和应用首先体现在青少年的学习上，其次就是动手，或者说实践能力的培养、知识的积累需要自身的学习，但是知识的内化过程需要青少年自己动手实践来完成。

创新意识是创新活动发展的起点，创新精神是创新活动的主要推动力，让青少年有强烈的渴望能够发现新想法、解决新问题，面对创新活动中的种种挫折能够站起来，再次投入创新活动当中。中学阶段，随着青少年身心发展的成熟，创新人格的培养迎来了"加速期"，在这一重要时期保障创新意识和创新精神的形成尤为重要。

（三）辅助自我知识体系的合理建构

培养青少年的创新能力最终目的在于使青少年能够养成自主寻求创新性解决问题的能力。在解决问题的过程中，创新思维如同工具，创新人格如同支撑动力，而创新应具备的专业知识和技能则是最重要的原材料。高质量的专业知识与技能是青少年创新能力发展的有利条件，而低质量的专业知识和技能则可能成为创新能力发展的阻碍因素。如何判断专业知识与技能"质量"的高低呢？关键在于各知识系统内部是否被受教育者所内化，并使其成为具有逻辑联系的知识体系。简单来说，就是青少年将知识"消化"了，成为自己的东西，随时可以自由、有效地使用。

中学阶段的知识内容丰富，体系繁杂，青少年需要掌握文学历史、数学逻辑、社会科学、自然科学等多类学科的知识。这些知识看起来是零散的"碎片"，但其实是有一定内部联系的。各学科之间的内部联系并不是由教师直接帮青少年把知识串起来的，而是在中学阶段的教育过程中，由教师引导青少年、辅助青少年把所学的知识建立成一个知识网络、一个具有逻辑联系的架构化知识体系。这些专业的知识和技能被青少年内化后，纳入一个更为广泛、更易理解、更具实用的知识体系中，使知识从"神坛"落地，回归至生活，从而降低了知识的等级，增强了知识的实用度,提高了知识使用的灵活度,也使思维更加活跃,而思维的跳跃性越强,创新的可能性也就越大。

在社会学习理论中有一个关于自身发展的非常重要的概念,即自我调节(self-regulation)。该理论的主要观点就是认为个体自身的发展可以由自身来调节,其主要的方式就是判断个体自身行为是否达到内心标准并以此来对自己进行赏罚。举例来说明,有些时候我们在做某一件事,虽然事情的结果并不能被其他人认同,甚至还会受到他人的批评,但是自身却对自己已经做出的努力和产生的结果感到欣慰,并且还有可能认为自己较为出色地完成了。反之,有时大家对于你取得的成果感到十分满意,但是自身却并不这样认为,对自我有更高的要求。简单来说,就是每个人的心理有一杆秤,会判断自己的行为,但是能够做到这个需要青少年在做事之前有一个行为的标准预期。

然而青少年在学习过程中并不具备这种应对学习的自我调节的能力,往往满足于外界的条件,而教师要做的就是教授青少年掌握这种自我调节的能力,并指导青少年在不同的社会以及学习过程中合理地使用这种能力,并形成一种习惯。青少年具备这种自我调节的能力,在教育教学的过程中,可以有效地帮助青少年对自身的学习成果有自我的判断标准,进而并不满足于已有的学习成果和现状,以此引发自主的学习和实践,来达到自身的心理标准,从而内化自己的知识,建构自我的知识体系。内发的动力是促进青少年学习和实践最有效的保障,培养青少年的创新能力一定要辅助青少年建构自我的知识体系,以保障创新活动的永恒动力。

第三节 青少年创新能力培养存在的问题及原因分析

一、青少年创新能力培养存在的问题

(一)部分学校管理层的创造性管理不到位

受限于当下升学需要与考试分数挂钩的现状,个别学校的管理层

第十章 家校共育视野下提升青少年创新能力

采取的管理思路依旧是以青少年的分数提升为主,从而忽视了对创造性管理的运用及忽视了对青少年创新能力的培养。这既导致了教师团队在实际的授课过程中受到了诸多限制,又使得青少年无法在教学过程中得到创新能力的培养,给青少年发展创新能力带来了一些负面影响。

(二)部分学校教师的创造性教学不到位

个别教师在教学过程中,不能够使用发散性思路,将青少年的思维"框定",导致青少年成为"填鸭式教学"的受害者,只能够被动学习,丧失了主动创新的思维及能力。这一小部分教师由于长期以来采取固定的授课模式和思路,不求变通,对于不同类型的青少年往往采用相同的教育方式,不能够"因材施教",给青少年的创新能力培养造成了一定的不良结果。

(三)部分青少年对拥有创新能力的意识不到位

部分青少年由于眼界、认识有限,其阅历不足,因此未意识到拥有创新能力的重要性。尚处于成长过程中的青少年,其世界观、人生观、价值观均处于未完全成形状态,需要一定的外界力量帮助。而在此过程中,部分家长、教师并不能够及时引导青少年引起对于拥有创新能力的重视,从而导致了部分青少年对于拥有创新能力的意识不到位。

二、青少年创新能力培养存在问题的原因

(一)学校未能形成创新能力发展的氛围

1. 培养模式单一,未能面向全体青少年

培养模式由培养目标、课程设置、教学体系、管理制度等主要元素构成,其关键在于对特定培养目标的制定。现阶段青少年创新能力培养的突出问题是将培养目标限定在"拔尖创新人才"的培养上,而且相关课程

设置与学校整体的教学体系和管理制度未能很好地融合。

每名青少年的身心发展规律不同,其高峰期的变化程度也各不相同,所以如果不能够普及创新能力培养,那么就会在许多拔尖创新人才的"萌芽期"错失关键能力的培养,造成创新人才的缺失或者是资源的浪费,所以"普通青少年"创新能力培养与"拔尖人才"的创新能力发展不仅不冲突反而是强有力的支持。然而现阶段,对于普通青少年创新能力的培养并未和拔尖创新人才的培养有效协同,创新能力培养未能面向全体青少年。

2. 教师缺乏创新能力,难以引导青少年发展创新能力

教师创新能力的发展对于青少年创新能力的培养的重要性是毋庸置疑的。一些教师缺乏创新能力,习惯于每天按部就班地按照教案所计划的内容传授知识,没有突破现状的冲动和意愿,这样也会使青少年产生惯性思维,不具备创新能力发展的契机。为此,很多中学和大学联合建设的创新实验班,往往聘用大学教师直接作为创新实验班的指导教师,以承担青少年创新能力培养过程中的"培养者"。但是通过具备创新能力的大学教师引导青少年创新能力的发展,不能成为促进青少年创新能力发展的有效措施。

长期以来,很多教师追求中考、高考的升学率,注重的是青少年对于基础知识的掌握、对答题技巧的熟悉。青少年创新能力相关的创新思维、创新人格及创新应具备的专业知识与技能,并不是教师关注的重点,自身不具备创新理论的基础,同时又缺乏应有的创新能力,严重影响教师指导青少年创新能力的发展。而在教师资格认定、职前教育、职后培训、教学考核中忽略对教师创新能力专业发展的学习和训练,则加剧了教师创新能力的缺失,使教师越发不具备指导青少年、引导青少年形成和发展创新能力的能力。

(二)学科教学与创新能力培养融合度不足

1. "应试思维"阻碍青少年发散思维和聚合思维的形成

培养青少年创新能力的核心和关键是发展创新思维,因此我们要在整个教育教学过程中锻炼青少年的创新思维。在培养青少年创新能力

第十章　家校共育视野下提升青少年创新能力

的活动中,不仅在培养的内容上,更要在培养的方式上注重锻炼创新思维。但是,现阶段大多数学校并不能很好地完成对青少年创新思维的培养,教育教学的主要方式还停留在应对中考和高考而反复"刷题"和死记硬背的层面上,这才形成了对衡水高中和毛坦厂中学的"积极推崇"。虽然各个层面都已经开始强调对青少年创新能力的培养问题,但是面对中考和高考的压力,学校教育往往会妥协于对成绩的追求,让青少年去不停地堆积知识。应试思维是青少年为应对考试,在考试中取得更好的成绩,而采取的一种集中、迅速、省时省力地获取知识的思维方式。就像在课堂教学中,教师对青少年讲授知识就是一种直接的传授,青少年要做的就是"记住"。这种"应试思维"体现于一种惯性思维,是青少年长期应付考试和繁重学业压力时产生的解决问题的办法。但是这种思维方式阻碍了发散思维和聚合思维的形成,很难使青少年产生新问题,发现新角度,获得新思路,开创新局面,成为创新思维发展的巨大阻力。

2."求同心理"束缚青少年的求知欲和自我个性的发展

中国家长最害怕自己的孩子和别人家的孩子不一样,比较的时候也是将"别人家的孩子"作为自己孩子行为的标准。在家庭中,孩子要听从父母的安排;在学校中,青少年要服从教师的教导;在社会上,职员要执行领导的指令。中国的孩子从始至终都在扮演着一个"听话的提线木偶"的角色,"懂事"是孩子长大的标志,反之"叛逆"则是"不懂事""不成熟"的表现。这可能受我们一些传统文化的影响,如"枪打出头鸟""木秀于林,风必摧之"就是最好的"求同心理"的写照。久而久之,服从、求同成为青少年做人做事的首要标准,这引起了人们的质疑。"求同心理"导致青少年缺乏对知识不同侧面的探求,求知欲越来越低,更没有了提出质疑的勇气,人格的发展逐步按照已有标准形成定式,自我的个性发展成为"歧路",最终孩子们失去了创新活动发展的内在动力。对权威的盲目顺从、从众的人格特征等都不利于青少年创新能力的发展。

第四节　家校共育视野下提升青少年创新能力的策略

一、学校应当积极运用创造性管理，给予团队较大的自由

学校管理者不应当墨守成规，应当采取创新型管理模式，允许基层教学团队将自己的"本领"发挥出来，不再局限于考试分数，而能够支持教学团队从多方面引导青少年培养其自身的创新能力并加以运用，帮助青少年更好地发展创新能力。

二、开展多元培养形式，面向全体青少年培养创新能力

（一）创新能力培养融入校园活动

青少年的主要生活区域就是校园，校园的文化氛围和环境对青少年的课余生活具有深远影响。创新能力必须通过长期的、坚持不懈的世界观、人生观与价值观的培养才能树立。因此，学校要充分利用各色的校园活动，丰富青少年的见识，陶冶青少年的情操，增长青少年的能力，启迪青少年的心智，促进青少年的全面发展，培养青少年的创新能力。开展多元的校园创新活动，可以使青少年思维更为活跃，尤其在这个过程中，学校通过对创新能力的追求来引导青少年积极主动地参与创新活动，开展创新实践，从而更加有效地培养青少年的创新能力。例如，创新大赛等活动，可以激发青少年积极主动学习的激情以及创新创造的热情，培养其创新精神。在这个过程中，学校要最大限度地提供便利条件，指导青少年进行创新实践，有针对性地开展专业的创新知识与技能的培训，创新思维的训练，提高青少年的创新能力。在活动中，让青少年可以自由发表言论，与其他同学、教师之间相互讨论学习，学校营造一种轻松的交流氛围，激发青少年与其他同学、教师之间产生思想上的火花，迸发创新的热情。许多学校都开设了具有本校特色的各类校本课程，也都鼓

第十章　家校共育视野下提升青少年创新能力

励教师能够结合所教授的专业学科以及自身的兴趣爱好来开设各具特色的校本课程。但是校本课程的开展并不一定能够成为促进创新能力发展的有效保障,重要的是在校本课程开展的过程中,尊重青少年的个性发展,刺激青少年的好奇心和求知欲,为青少年提供共同交流的平台,使青少年能够在与教师、同学思想碰撞的过程中,锻炼发散思维和辐合思维,提升创新意愿和勇于创新的精神,内化知识和建构自我知识体系,从而具备创新能力。

(二)创新能力培养渗透到学科教学

青少年创新能力的培养要将"培养具有创造性的人才"理念融入学校课程体系当中。因此,课程目标要定位于积累专业的深入的具有广泛层面的跨学科知识,并建立跨越各类学科知识的逻辑联系;突破常规的思维方式的束缚,积极主动寻求解决问题的独特的创新的方法;增强问题意识,并有意识地自主地进行问题的研究和探索,以及增强对真相的渴求精神和克服困难解决问题的意志力。将创新能力的培养渗透到学科教学当中,融入课堂教学,可以有效促进青少年创新能力的发展。2018年初正式发布了重新修订的普通高中课程方案和学科课程标准。其中修订的主要内容和变化,就是格外强调了青少年核心素养的发展,尤其是各个学科的核心素养,即青少年通过对这门学科的学习逐渐形成的正确的价值观念、必备品格和关键能力。在对各科核心素养的研究分析中,可以发现青少年的创新能力培养仍是课程改革的重要部分。新课程改革的课程方案提出,培养青少年提出质疑、探索创新、动手实践和积极反思,使青少年拥有积极的学习态度以及对学习产生浓厚的兴趣,让青少年可以自主地进行学习,独立思考问题,最后形成良好的长期的学习习惯和符合自身条件的学习方法。

参考文献

[1]范国睿.学校管理的理论与实务[M].上海:华东师范大学出版社,2003.

[2]费孝通.生育制度[M].北京:北京联合出版公司,2018.

[3]高平叔.蔡元培教育论集[M].长沙:湖南教育出版社,1987.

[4]高平叔.蔡元培全集(第二卷)[M].北京:中华书局,1984.

[5]龚春燕,龚冷西.创新教育学[M].北京:北京师范大学出版社,2014.

[6]顾莉.家风建设与社会主义核心价值观的家庭培育[M].北京:中国社会科学出版社,2020.

[7]黄河清.家校合作导论[M].上海:华东师范大学出版社,2008.

[8]黄崴.教育管理学:概念与原理[M].广州:广东高等教育出版社,2002.

[9]姜丽华.学生创新能力培养与教师文化构建[M].北京:中央编译出版社,2016.

[10]林崇德.创新人才与教育创新研究[M].北京:经济科学出版社,2009.

[11]刘川生.教育创新与创新型国家建设重大问题研究[M].北京:北京师范大学出版社,2017.

[12]施建农.创造力与创新教育[M].北京:军事医院科学出版社,2015.

[13]孙培青.中国教育史[M].上海:华东师范大学出版社,2009.

[14]汪洋.中国美术教育史[M].合肥:合肥工业大学出版社,2013.

[15]王道俊,郭文安.教育学[M].北京:人民教育出版,2016.

[16]阎德明.现代学校管理学[M].北京:人民教育出版社,1999.

[17]叶澜.教育学原理[M].北京:人民教育出版社,2007.

[18]余文森.核心素养导向的课堂教学[M].上海:上海教育出版社,2017.

[19]赵卿敏.创新能力培养[M].武汉:华中科技大学出版社,2002.

[20]中国社会科学院语言研究所.现代汉语词典[M].北京:商务印书馆,2020.

[21]陈晓静.基于体育学科核心素养的培养对邛崃市小学体育教学的现状调查与对策研究[D].成都:四川师范大学,2021.

[22]崔自勤.新高考背景下高中学校教学组织变革研究[D].武汉:华中师范大学,2020.

[23]董昱.家长委员会参与学校教育管理的问题与对策研究——基于北京F小学的个案分析[D].北京:中央民族大学,2020.

[24]胡艳平.农村地区青少年道德教育问题及对策研究[D].大连:辽宁师范大学,2021.

[25]黄鸿."五育并举"的教育实践反思及改进思路——以C市的六所中小学为例[D].重庆:西南大学,2021.

[26]李红红.家庭教育对大学生价值观的影响研究[D].太原:太原科技大学,2021.

[27]李璐.小学家校合作的问题与对策——以武汉市××小学为例[D].武汉:华中师范大学,2015.

[28]李思琦.小学家校合作的现状及策略研究[D].沈阳:沈阳师范大学,2021.

[29]梁丽超.家校共育视角下初中劳动教育实施现状及改进对策研究——以烟台市为例[D].烟台:鲁东大学,2021.

[30]林沛楠.家校合作视角下小学生语文素养的现状及培养对策研究[D].漳州:闽南师范大学,2021.

[31]刘艳.有效发挥家庭教育社会支持系统中学校的作用——以安徽省阜阳市第九中学为例[D].昆明:云南师范大学,2021.

[32]罗伟娟.关于家校沟通内容和形式的研究[D].上海:华东师范大学,2006.

[33]南洋.中学生创新能力培养的问题研究[D].沈阳:沈阳师范大学,2019.

[34]任慧.新时代城市社区青少年思想政治教育研究[D].绵阳:西南科技大学,2020.

[35]孙庆松.家长教育:理想家长角色重塑的新路径[D].贵州:贵州师范大学,2021.

[36]田瑶.当代高等美术教育中的问题及对策研究[D].武汉:湖北美术学院,2021.

[37]王蒙.家校合作影响小学生学习习惯养成的实践研究[D].上海:上海师范大学,2019.

[38]颜叶芳.德智体美劳"五育":从分裂到融合——以高校课堂教学为例[D].湖南:湖南师范大学,2019.

[39]赵若桦.家校合作现状调查和对策研究——以南充中学为例[D].武汉:华中师范大学,2017.

[40]赵洋洋.中小学劳动教育的实践困境与出路研究[D].重庆:西南大学,2019.

[41]周王振.新媒体艺术教学在中学美术教育中的实践研究——以福建省霞浦七中为例[D].重庆:西南大学,2021.

[42]代蕊华."五育"并举与学校管理变革[J].中国教师报,2020(12).

[43]冯建军.构建德智体美劳全面培养的教育体系:理据与策略[J].西北师大学报(社会科学版),2020(57).

[44]古菊平.践行"立人教育" 五育并举立人人——无锡市立人高级中学发展愿景浅谈[J].江南论坛,2020(6).

[45]黄蓉生,崔健.坚持把立德树人作为中心环节[J].国家教育行政学院学报,2017(1).

[46]贾义敏.开放教育资源视域下的创新人才培养[J].苏州大学学报(教育科学版),2017(2).

[47]金维才."德育渗透说"之质疑[J].教育研究与实验,2001(1).

[48]瞿宝奎.劳动教育应与体育、智育、德育、美育并列?——答黄济教授[J].华东师范大学学报(教育科学版),2005(23).

[49]孔姝,闫颢蕊.理工科大学生培养中的五育并举教育设计初探[J].决策探索(下),2020(2).

[50]黎大志.中小学教育创新人才培养缺失之原因探析[J].湖南师范大学教育科学学报,2018(9).

[51]李金波,袁从容.新高考改革给高中教育带来的冲击及其应对[J].教学与管理,2019(7).

[52]李曼丽,汪永铨.关于"通识教育"概念内涵的讨论[J].清华大学

教育研究,1999(1).

[53]李松林.全面发展教育的关键在于整合[J].教育科学研究,2019(6).

[54]李亚君.小学家校合作心理健康教育模式探析[J].教学与管理,2014(26).

[55]李玉芳.系统论视野下全面发展教育缺失问题探析[J].当代教育科学,2007(15).

[56]李政涛,文娟."五育融合"与新时代"教育新体系"的建构[J].中国电化教育,2020(3).

[57]李政涛.校长思维方式的转型与变革[J].中小学管理,2012(5).

[58]刘朝阁.论思想政治教育中的宣传、教育及其相互关系[J].思想理论教育,2019(8).

[59]刘登辉,李华."五育融合"的内涵、框架与实现[J].中国教育科学,2020(3).

[60]刘登辉.课程统整的概念谱系与行动框架[J].全球教育展望,2020(1).

[61]刘学兵.基于"五育"并举的课程表达——东北师范大学南湖实验学校"五向课程"的行动研究[J].人民教育,2020(8).

[62]刘志军等.新高考背景下综合素质评价的意蕴、实施与应用[J].华东师范大学学报(教育科学版),2018(3).

[63]娄元元.高中和大学联合培养创新人才的思考[J].基础教育,2014(6).

[64]马抗美,瞿立原.全国青少年创造能力培养系列社会调查和对策研究报告[J].科普研究,1999(2).

[65]马曦,孙乐强.哈佛大学通识教育建设的理念、特征及其理论启示[J].重庆大学学报(社会科学版),2018(4).

[66]孟万金.构建立德树人幸福教育新体系[J].中国特殊教育,2019(11).

[67]孟万金.落实党的初心使命,深化德智体美劳五育并举——新幸福教育论纲[J].中国特殊教育,2020(9).

[68]宁本涛."五育融合"与中国基础教育生态重建[J].中国电化教育,2020(4).

[69]潘惠丽.健全青少年心理健康管理机制[J].民主,2021(9).

[70]桑新民.对"五育"地位作用及其相互关系的哲学思考[J].中国社会科学,1991(6).

[71]石中英.努力培养德智体美劳全面发展的社会主义建设者和接班人[J].中国高校社会科学,2018(6).

[72]石中英.推进新时代普通高中育人方式改革要处理好三个关系[J].中国教育学刊,2019(9).

[73]汤广全.自由与和谐——蔡元培"五育并举"观研究[J].教育学术月刊,2009(1).

[74]滕青,杨汝奎,方美君.关于大学生劳动教育的思考[J].教育探索,2008(10).

[75]田慧生.新时代创新人才培养模式应高度关注的几个问题[J].中国教育学刊,2019(1).

[76]田澜,龚书静."积极参与":家校结合新样态——以西方教育中的家长参与转向为鉴[J].中国教育学刊,2017(1).

[77]王晖,杨清.家风建设对家庭档案文化教育功能的诉求[J].兰台世界,2019(8).

[78]王列盈.论蔡元培的和谐教育理念[J].内蒙古师范大学学报(教育科学版),2012(11).

[79]王列盈.论蔡元培的五育并举教育思想[J].教育评论,2009(3).

[80]王媛.家庭与青少年心理健康教育的关系[J].甘肃高师学报,2016(2).

[81]吴峰.战"疫"下"五育并举"线上课程开发与实施——以青岛第五十八中学为例[J].现代教育,2020(5).

[82]向吉梅.家庭教育促进青少年心理健康措施的探讨[J].品位·经典,2021(13).

[83]肖宁,孙伟.试论教育体系中德、智、体、美、劳五育的关系及地位[J].吉林教育科学·高教研究,1996(3).

[84]于超,于建福.五育并举 知行合———黄济现实劳动教育思想的精神特质[J].教育研究,2020(8).

[85]岳瑛.基础教育新理念——家校合作[J].外国中小学教育,2002(2).

[86]翟小宁.建设新时代全面育人课程体系[J].北京教育(普教),2018(3).

[87]张丽竟.国内外中小学家校合作研究综述[J].教育探索,2010(3).

[88]张秀芳.家庭教育对中学生心理健康的影响及对策研究[J].教书育人,2018(4).

[89]郑金洲.创新能力培养中的若干问题[J].中国教育学刊,2000(1).

[90]周彬.新高考改革:经验、困境与出路[J].教育学报,2018(4).